KNAUR

MONIKA BITTL

JÜNGER WÄREN MIR DIE ALTEN LIEBER

LESE-BOOSTER FÜR FRAUEN,
DEREN ELTERN IN DIE JAHRE KOMMEN

Besuchen Sie uns im Internet:
www.knaur.de

Aus Verantwortung für die Umwelt hat sich die Verlagsgruppe
Droemer Knaur zu einer nachhaltigen Buchproduktion verpflichtet.
Der bewusste Umgang mit unseren Ressourcen, der Schutz unseres Klimas
und der Natur gehören zu unseren obersten Unternehmenszielen.
Gemeinsam mit unseren Partnern und Lieferanten setzen wir uns für eine
klimaneutrale Buchproduktion ein, die den Erwerb von Klimazertifikaten
zur Kompensation des CO_2-Ausstoßes einschließt.
Weitere Informationen finden Sie unter: www.klimaneutralerverlag.de

Originalausgabe August 2021
Knaur Taschenbuch
© 2021 Monika Bittl
© 2021 Knaur Verlag
Ein Imprint der Verlagsgruppe
Droemer Knaur GmbH & Co. KG, München
Alle Rechte vorbehalten. Das Werk darf – auch teilweise – nur mit
Genehmigung des Verlags wiedergegeben werden.
Covergestaltung: ZERO Werbeagentur, München
Coverabbildung: www.illustratoren.de / CindyFroehlich
Satz: Adobe InDesign im Verlag
Druck und Bindung: CPI books GmbH, Leck
ISBN 978-3-426-79117-2

2   4   5   3   1

INHALT

7	Vorwort
15	Ich gebe mein Bestes
17	Das Haus verliert nichts …
24	Stellenausschreibung
26	Laaangweilig
31	Werd bloß nicht erwachsen, das ist eine Falle!
35	Bei Zeus! Die lieben sich wirklich
48	Herzlichen Glückwunsch! Sie haben 100 000 Euro gewonnen!
56	Die K-Frage
60	Was du heute kannst besorgen, das verschieb auch mal auf morgen
67	Tischdecken & Krankenbetten
77	Spießer, Sex, Drugs and Rock 'n' Roll
81	Ordnung ist das halbe Leben
85	Dein Papa ist das Nilpferd
90	Aktenzeichen XX ungelöst
95	Das blaue Dirndl
99	Echte Kerle lieben Autos

105	Schokoladenseiten der Familienbande
111	Sommer, Sonne, Schlafanzug
119	Interview mit einem Vampir
133	Schlüsselerlebnis
136	Fragen über Fragen zu den Fragen
144	Wie geht es Ihnen?
149	Alltägliche Abenteuer
168	Tante Lici weiß haargenau Bescheid – und zwar zu jedem Thema
175	Die fabelhafte Prinzessin
183	Intelligenztest
189	Dealen für die Mama
193	Bruderherzchen, hör mal!
196	Ich geh nicht ins Gedächtnistraining, da sind nur alte Leute!
206	Die Liebe in Zeiten von Corona
217	Wen die Götter lieben
222	Woher kennen wir uns?

VORWORT

Uns Frauen der »Generation Seniorentochter« macht normalerweise so schnell keiner was vor – nicht mal mehr wir uns selbst. Nach den persönlichen Verunsicherungswellen der ersten Jahrzehnte unseres Lebens sind wir endlich stark, souverän und selbstbewusst geworden. Wir haben miese Chefs, exorbitante Steuernachzahlungen, Arbeitslosigkeit und schlaflose Nächte mit Kleinkindern überlebt. Wir haben unmögliche Typen vor die Tür gesetzt, bleiben mit weniger unmöglichen Männern zusammen oder geben als Single nicht mehr jedem Kerl die richtige Handynummer. Wir sehen Konflikte als Gratisfortbildungen und haben vor allem auch gelernt, »Nein« zu sagen – in erster Linie zu all den Dieben, die uns unsere Zeit stehlen wollen wie nervige Bekannte, energieraubende Verwandte oder arrogante Kollegen. Wir durchschauen Manipulationsmethoden, Marketingtricks und Machtspielchen und machen bisweilen trotzdem noch all den Blödsinn, für den uns mit zwanzig bloß das Geld gefehlt hat – aber mangels psychischer und physischer Kondition nur noch eine Stunde am Tag. Kurzum: Wir sind endlich erwachsen geworden und haben nun sogar die menschliche Reife, das Richtige zu tun, obwohl es unsere Eltern empfohlen haben.

Doch dann klingelt mitten in unserem epochalen Höchststand des Selbstbewusstseins plötzlich das Handy und wir erhalten Anrufe wie diese: »Du, dem Papa geht's nicht so gut, kannst du mal kommen?«, oder: »Hier ist das Klinikum Neustadt, wir haben den Seelsorger zur Krankensalbung Ihrer Mutter geholt«, oder: »Müller, Josef, der Nachbar. Wenn du nicht endlich das Löwenzahnproblem im Garten deiner Alten behebst, zeigen wir sie an! So geht das nicht mehr weiter, da wachsen jetzt schon drei Stück! Die ruinieren uns noch das ganze Grundstück mit dieser Verwahrlosung daneben.«

Solche Nachrichten schrecken uns leider nicht nur kurzfristig, sondern dauerhaft hoch. Plötzlich wird uns klar, dass eine neue Lebensphase beginnt und uns nun möglicherweise jeden Moment noch schlimmere derartige Hiobsbotschaften erreichen könnten. Wir stehen vor emotionalen und organisatorischen Herausforderungen der Extraklasse: Wie sag ich meinen Eltern, was sie tun sollten? Wie bekomme ich Job, Haushalt und Familie mitsamt botanischer Fortbildung (Stichwort »Löwenzahnbekämpfung«), Krankenhausbesuchen, Finden von Steuerunterlagen in einem Sammlereinfamilienhaus, Handy-Einweisungen (»Die grüne Taste ist zum Abnehmen«) oder gar die Erforschung eines unbekannten Universums namens »24/7-Pflege« unter einen Hut?

Da wir als mitten im Leben stehende Frauen gelernt haben, Lösungen zu suchen, statt Probleme zu wälzen, bleiben wir bei den praktischen Herausforderungen meist noch ganz gelassen – nach dem Motto: »Bevor ich mich aufrege, ist es mir lieber egal.« Weniger entspannt können wir jedoch mit all den Emotionen umgehen, die uns plötzlich überrumpeln. Gefühlsstürme, von denen wir glaubten, wir hätten sie nach der Pubertät daheim im Kinderzimmer zurückgelassen und sie würden dort für immer vor sich hin gammeln, wühlen uns auf. Wir kommen den Eltern mit all ihren guten und schlechten Seiten wieder näher, als uns lieb ist – nur unter anderen Vorzeichen. Während wir damals riefen: »Sie wollen nur unser Bestes, aber das kriegen sie nicht!«, fragen wir uns heute: »Wie kriege ich es hin, ihnen mein Bestes zu geben?«

Der Satz »Kinder wissen, wie anstrengend es ist, Eltern zu haben« erhält plötzlich eine neue, tiefere Dimension. Während wir damals die moralische Instanz der Eltern mit ihren Geboten und Verboten ganz selbstverständlich mit einem »Die können mich mal!« in die Tonne gestampft haben, geben wir nun selbst den inneren Moralapostel und liefern uns einem ewig schlechten Gewissen aus, nicht genug zu tun. Wir fühlen uns wie missratene Töchter, egomanische Karrierefrauen oder rücksichtslose Verteidigungsministerinnen unseres eigenen Lebens (und haben nicht mal sieben Kinder oder einen Regierungsauftrag dazu in der Hinterhand), obwohl wir unseren Kids jahrelang erklärt haben: »Das schlechte Gewissen schadet dir nur und bringt anderen gar nichts.«

Wo und wie war das noch mal mit der weiblichen Emanzipation? Wir sind doch bisher so selbstsicher geworden wie keine Frauengeneration vor uns. Wir haben Alice Schwarzer gelesen, den Mount Everest bestiegen und sind sogar Vorstandsvorsitzende und Bundeskanzlerin geworden. Wir haben den Männern ein IN oder ein *angehängt und mit unserer Lebenserwartung nach der Entdeckung des Kindbettfiebers die Männer statistisch abgehängt. Wir kämpfen zwar immer noch damit, Kind, Küche, Kerl und Karriere unter einen Hut zu kriegen, aber haben wenigstens die Freiheit, uns mehr oder weniger ohne gesellschaftliche Ächtung aussuchen zu können, wie wir das gestalten. Wir können Hausfrau werden, ein Kindermädchen engagieren, Karriere machen, Stütze als Alleinerziehende beantragen oder – wie im Normalfall – einen ganz persönlichen Mix aus alldem leben, je nachdem, was für uns ganz individuell das Beste ist. Wir haben sogar gelernt, diese Freiheit mit einer großen Toleranz zu verteidigen und anderen Frauen nicht mehr vorzuschreiben, dass sie »daheim bleiben« oder auf Kinder zugunsten von Karriere verzichten oder sie sich wahlweise in Blümchenschürze oder lila Latzhosen kleiden sollten. Klar lästern wir nach wie vor gerne über Birkenstocksandalen oder alternativ High Heels ab – aber das ist uns als privater Spaß bewusst, jenseits der Errungenschaften unserer weiblichen gesellschaftlichen Erfolgsgeschichte, hinter der wir alle gemeinsam stehen. Wir wissen, dass das Private auch politisch und ein löwenzahnloser Garten der Eltern ein Normdruck auf die Mutter ist.

Doch dann erwischt es uns eiskalt, wenn die Eltern plötzlich Fürsorge oder gar Pflege brauchen. Wenn wir eine Rolle rückwärts machen und nicht mehr die Kinder von starken Erwachsenen sein können, sondern plötzlich starke Kinder für schwächer werdende Erwachsene sein müssen – wenn die Eltern fast wieder wie Kinder werden. Statt dass Mama und Papa uns sagen, was wir tun und lassen sollten, müssen wir nun bisweilen auf einmal für sie entscheiden, was sie lieber tun oder lassen sollten. Manchmal aus dem Stand heraus – meist jedoch in einem schleichenden Prozess, verbunden mit Schuldgefühlen, uns zu wenig um die Alten zu kümmern.

Für diese neue Lebensphase haben wir im ersten Moment kein Konzept oder gar Rezept. Strukturen, Mechanismen und Befindlichkeiten, von denen wir bis dato dachten, wir hätten uns längst davon emanzipiert, greifen uns plötzlich aus dem Hinterhalt an. »Plötzlich« – denn die Familienplanung oder die Karriere konnten wir mit der Pille oder Bewerbungsschreiben aktiv beeinflussen. Der Alterungsprozess unserer Eltern aber lässt sich nicht einfach in ein Terminbuch eintragen, selbst wenn er längerfristig absehbar ist. Wir haben zwar abstrakt »irgendwann einmal« immer damit gerechnet, dass »was auf uns zukommt« – aber doch nicht schon jetzt! Und ehe wir's uns versehen, sprechen wir plötzlich mit so unbekannten Wesen wie Geriatrieärzten, verstehen Sanitätshäuser nicht mehr falsch als Installateurbetriebe und kennen bürokratische Monster wie Witwenrentenanträge.

Männer nehmen sich jetzt zwar auch öfter »Elternzeit« – aber nur für die Kinder. Bis zu einer fairen Aufteilung der Pflege der »Alten« haben wir Frauen die Emanzipation noch nicht vorangetrieben. Denn noch immer sind es hauptsächlich die Töchter, die sich um Vater und Mutter kümmern. Wer Glück hat, versteht sich mit den Geschwistern oder nahen Verwandten gut und teilt sich mit ihnen die Verantwortung. Auch Freunde, nette Nachbarn, ein gutes Netzwerk vor Ort oder eine »Dr. med. Cousine« sind ein Segen. Und alle eigenen Gefühle – auch die negativen – wertneutral zuzulassen stärkt uns enorm, weil wir mit diesem Eingeständnis einen ersten Schritt dahin machen, Krisen auch als Chancen zu verstehen – eine Binse, die wir jetzt aber souverän auch zulassen können, weil wir uns diese Einsicht selbst hart erarbeitet haben und sie anwenden können.

Ohne es im ersten Moment zu verstehen, finden wir uns als »Generation Seniorentochter« meist irgendwann in einer Lage wieder, auf die uns niemand vorbereitet hat: Wir zehren uns in Fürsorge auf und ignorieren dabei unsere Grenzen. Wir lieben Mama und Papa, wollen zurückgeben, was sie uns einst gegeben haben, und blenden die Implikationen der »Rolle rückwärts« aus. Denn wir haben zwar im Laufe unserer Emanzipationsgeschichte gelernt, was es heißt, eine gute Mutter zu sein: eine, die auch ihre eigenen Bedürfnisse sieht und sich nicht bloß aufopfert. Dass wir im Notfall wie im Flugzeug zuerst uns und dann erst den Kindern die Sauerstoffmaske anlegen sollen und der alte Hebammenspruch stimmt: »Dem Kind geht es gut, wenn es der Mutter gut geht – und nicht in umgekehrter Reihenfolge!« Was wir aber nicht gelernt haben: dass es sich mit einer »guten Tochter« ähnlich verhält wie mit einer »guten Mutter«. Dafür haben wir keine Orientierung an Rollen-Vorbildern, sondern nur die verinnerlichten Stimmen gehässiger Verwandten im Ohr: »Diese undankbare Göre lässt die Eltern in Stich und zieht nicht zu ihnen zurück oder holt sie zu sich heim!«

Oft lässt sich die Entwicklung der in die Jahre kommenden Alten in drei Phasen einteilen: 1. Schleichende Verschlechterung, 2. Dramatische Verdichtung mit Krankenhausaufenthalten, 3. Pflegesituation.

In diesem Buch gibt es zu all diesen Entwicklungen Geschichten in abwechslungsreichen Formen. Die Kapitel hier berichten aber nicht tragisch von einem sich stets verschlimmernden Verfall, sondern vom Suchen und Finden des Humors selbst in schlimmsten Lebenssituationen – und ich weiß, wovon ich spreche, denn ich habe alle drei Stadien mit meinen beiden Elternteilen durchlebt. Ich weiß, was es bedeutet, sich nach ausuferndem »Krankenhaus-Hopping« nicht über fünf verlorene Kilos zu freuen. Ich weiß, was es bedeutet, wenn ungeputzte Fußböden plötzlich so unwichtig werden wie der sprichwörtlich umgefallene Sack Reis in China. Wenn aufmunternde Worte bedeutsamer werden als jeder kleine Lottogewinn. Und was einen dazu bringt, sich eines schönen Sommertags ganz alleine vor ein Café zu setzen, sich einen Cappuccino zu bestellen und schlicht das lebendige Leben »da draußen« jenseits von Krankheit und Pflege samt dem eigenen Dasein für den Moment zu genießen.

Ich weiß, was das heißt: Nachdem schon Jahre dieser beispielhafte Löwenzahn im Garten meiner Eltern mitsamt meinem schlechten Gewissen prächtig gedieh, kam mein Vater mit einem Schlaganfall ins Krankenhaus, eine Woche darauf meine Mutter mit der Diagnose Herzinfarkt – in ein anderes Krankenhaus, beide jeweils in unterschiedlichen Richtungen hundertfünfzig Kilometer von meinem Wohnort entfernt. Ich funktionierte nur noch wie ein Automat bei Autofahrten, Arztgesprächen, dem Ausräumen eines Sammler-Haushalts, um Platz zu schaffen für eine bald einziehende Pflegekraft, bei Besuchsorganisationen oder Verhandlungen mit dem Stromanbieter, weil die Rechnung in dem Wirrwarr nicht bezahlt worden war und keiner mehr einen Überblick über die Papiere hatte. Mein Vater konnte sich zwar relativ gut vom Schlaganfall erholen, aber die bereits fortgeschrittene Demenz bekam einen größeren Schub. Die Diagnose Herzinfarkt bei meiner Mutter war zwar falsch – aber nach Wochen und Monaten ständig neuer Hiobsbotschaften von

Kalibern wie Nierenversagen oder Magendurchbruch stellte sich heraus, dass die Grundursache in einem metastasierten Krebs lag, der nicht mehr therapierbar war.

Ich fuhr die Arbeit gegen null zurück und »vernachlässigte« Mann, Freunde und große Kinder – wie zuvor gefühlt die Eltern jeweils wegen der anderen Bereiche. Ich schwankte zwischen Verzweiflung, Verzagtheit und Überforderung.

Bei einer jener Fahrten zum Krankenhaus legte sich aber plötzlich ein Schalter in meinem Kopf um. »Nein, das kann es nicht sein!«, sagte ich mir. »Aber was kann eigentlich nicht sein?«, schloss sich als Frage an. »Was *genau* kann nicht sein?« Es kann nicht sein, den natürlichen Lauf der Welt – dass die Eltern älter und gebrechlicher werden – so tragisch zu sehen und dabei nicht mehr über dich selbst und deine Situation lachen zu können! He, das hast du doch sonst auch noch immer gekonnt!

Vielleicht resultiert mein persönliches »Heureka« auch aus einer mir von meinen Eltern in die Wiege gelegten, grundsätzlich positiven Lebenseinstellung, die mir bis dahin gar nicht so bewusst war, oder meiner Liebe zum (schwarzen) Humor. In der Kombination bewirkt beides, dass ich nach einem ersten Strudel von Ereignissen auch mal einen Schritt zurücktreten konnte, um die Lage von außen anzusehen. Humor erzeugt die Distanz, sich selbst und den kleinen Radius nicht ganz so wichtig zu nehmen. Vielleicht spielt dieser Hintergrund aber auch gar keine Rolle, sondern ist schlicht der Weisheit zu verdanken: Wenn ich die Umstände auch nicht ändern kann, so doch meine Haltung zu ihnen.

Denn man kann alles tragisch sehen – oder auch komisch. Der humorvolle Blickwinkel verändert nachhaltig die eigene Lebensqualität und -freude ganz nach dem Motto: Lachen ist die beste Medizin!

Ich kann mich über »Löwenzahnnachbarn« ärgern – oder mich über die Mehrheit der anderen hilfsbereiten Nachbarn mit ihrer menschlichen Wärme freuen, die mich zu Tränen rührten, weil sie Mama und Papa wie selbstverständlich mit Autofahrten zu Ärzten unterstützten. Ich kann besserwisserische Tanten meine Gedanken beherrschen lassen – oder das Thema offen ansprechen und mit der Mama endlich ganz befreit über deren Art ablästern. Ich kann Pflegegutachterinnen als meine natürlichen Feinde sehen – oder mit einer von ihnen gemeinsam feststellen, dass alles im Leben seinen Preis hat und nur kleine Kinder oder Männer glauben, es gäbe Schokoladeneis ohne Hüftgold, ein Plus auf dem Girokonto ohne arrogante Chefs oder gar Feen, die unsere Wohnung putzen, während wir schlafen.

Jünger wären mir die Alten zwar auch jetzt noch lieber, aber ohne all die Herausforderungen mit den lieben Senioren würde ich auch viele menschlich wertvolle Erfahrungen, neue Erkenntnisse und urkomische Erlebnisse missen.

ICH GEBE MEIN BESTES

In meiner Jugend gab es den Spruch: »Sie wollen unser Bestes, aber das kriegen sie nicht.« Heute würde ich ihn mit Blick auf meine alternden Eltern dahingehend korrigieren: »Ich gebe mein Bestes, aber sie wollen es nicht.«

Mama und Papa weigern sich einfach standhaft, meine Vorschläge anzunehmen.

Statt weiter schwere Lebensmittel auf dem Fahrrad heimzutransportieren, könnten sie doch einen Lieferdienst beauftragen!

Statt immer eigens zur Bank zu gehen, um Geld abzuheben, könnten sie doch eine EC-Karte verwenden!

Statt vier Stunden Zugfahrt zum alten Zahnarzt in Kauf zu nehmen, könnten sie doch einen ortsansässigen Dentisten konsultieren!

Statt die selbst gestrickten Socken von Tante Lici als Geschenk anzunehmen und sich deshalb mit gefühlt 276 selbst gebackenen Torten erkenntlich zeigen zu müssen, könnte doch über meinen Internet-Account warme Beinkleidung, die nicht kratzt und noch dazu auch passt, für nur sieben Euro das Paar erworben werden!

Statt die Treppe hinunter im Haus zu nehmen, könnte man doch den elektrischen Türöffner mit Sprechanlage verwenden!

Das müsste ja nicht für *immer* so sein – aber sie könnten es doch wenigstens einmal ausprobieren!

Nein, auch dieser rhetorische Trick zieht nicht.

Ich höre wahlweise: »Das haben wir immer schon so gemacht«, oder: »Lass mal, das passt schon!«, oder: »Solange es uns noch so gut geht!«

Also gut, denke ich mir dann meist, verkneif dir diese Vorschläge, es ist ja auch deren Leben, misch dich nicht in alles ein! Die sind nun wirklich alt genug, um schon zu wissen, was sie tun.

Aber dann fällt doch alles wieder auf mich zurück, wenn das Fahrrad einen Platten hat, die Bankfiliale am Ort schließt oder wie damals, als Papa im Eifer des Gefechts eine Treppenstufe hinunterstürzte, weil eben *kein* Türöffner mit einem Knopfdruck die Tür für den Besuch ganz leicht hätte öffnen können. Als ganz normale Erzählungen getarnte SOS-Telefonate der Eltern berichten dann ausführlich von den Widrigkeiten des Alltags. Und ich schlage einmal mehr etwas vor – nur damit es zwei Tage später wieder verworfen wird.

Ü-70-Personen scheinen jedenfalls in einer erneuten Trotzphase zu stecken – hoch beratungsresistent, und nur bloß nix von den Kindern (wie umgekehrt vormals von den Eltern) annehmend.

»Das haben wir immer schon so gemacht«, sagen die Alten. »Ich lass mir doch von dir nicht das Leben diktieren«, sagen die Jungen zu uns. So haben diese beiden Generationen plötzlich einen neuen gemeinsamen Schnittpunkt. Weil sie ein gemeinsames Feindbild haben, nämlich uns, die pragmatischen Macher der Zwischengeneration, die sich Rebellion nicht erlauben können, weil sie einfach funktionieren müssen? Verstehen sich deshalb Enkel und Großeltern bisweilen so gut? Ach herrje, vielleicht ist das Schlimmste an alternden Eltern, selbst zu einer Buhfrau zu werden, fast so, als wären Mama und Papa nun die neuen, alten Kinder, die sich trotzig an der Supermarktkasse aufführen und denen man mit einem kühlen Kopf begegnen muss.

Da bleibt mir nur darauf zu warten, irgendwann auch wieder in das rebellische James-Dean-Alter zu kommen, von dem es heißt: »Denn sie wissen nicht, was sie tun.«

DAS HAUS VERLIERT NICHTS ...

... ABER ES GIBT AUCH NICHTS HER!

Meine Eltern haben als typische Vertreter der Nachkriegsgeneration immer schon ein anderes Verhältnis zum Konsum gehabt als ich. Während ich tendenziell mehr auf »Klasse« denn auf »Masse« stehe (Handtaschen, Gürtel und Schuhe ausgenommen, ich bin eine Frau! Und auch jede kluge Frau hat ihre Achillesferse), also lieber eine kleine Flasche Olivenöl aus der Toskana statt fünf Packungen billiges Fett vom Lidl in meinem Vorratsschrank beheimate, war für Mama und Papa das »Haben« an sich immer mehr wert als das »Nichthaben«.

Komisch eigentlich, denn sie haben mir zugleich immer »gepredigt«, dass »Verzichten« auch ein Wert an sich sei, den sie im Gegensatz zu mir noch gelernt hätten, denn unsere Generation käme nicht mehr damit zurecht, wenn es mal an etwas mangeln würde. »Klar!«, hab ich irgendwann einmal gerufen, als beide noch gesund und fit im Haus waren. »Euch wird es nie wieder an etwas mangeln, denn ihr baut vor – in dieser Speisekammer werden noch die Urururenkel einmal satt, es sei denn, die Haltbarkeitsdaten der Lebensmittel sind dann nicht noch weiter abgelaufen, als sie es jetzt schon sind!«

In guten Stunden nenne ich das »Eichhörnchentrieb« – wenn ich aber mies drauf bin, habe ich die Bilder vor Augen, die ich mal im Fernsehen zu Messies sah: Da waren die Wohnungen und Häuser so vollgestopft mit alten Flaschen, Zeitungen und sonstigem Abfall, dass es nur noch schmale Durchgangswege innerhalb der einzelnen Räume gab. Also, so weit sind meine

Eltern noch lange nicht. Wobei … wenn ich mein ehemaliges Jugendzimmer betrete, frage ich mich zunehmend … Aber gut, ich will nicht ungerecht werden.

Der Eichhörnchentrieb meiner Eltern muss zudem auf einem Gen liegen, in dem noch ein anderes Merkmal fest implementiert ist: der Jagdtrieb nach Sonderangeboten. Denn Sparsamkeit ist die zweite Säule eines Weltbildes der Generation »Morgen könnten wir verhungern«.

Nicht umsonst erzählt mein Vater noch heute die Geschichte eines Onkels aus Berlin, der gut durch den Zweiten Weltkrieg kam, weil in seinem Keller so viel Seife lag, dass er sie nicht nur in Bombennächten gegen Brot eintauschen, sondern die Russen auch noch nach 1945 damit bestechen konnte. »Der kluge Konsument baut vor und hortet!«, war wohl die Botschaft. Weshalb nicht nur mein Jugendzimmer, sondern auch der Keller im Haus meiner Eltern auf dem Land mit seinem Warenlager an Lebensmitteln, originalverpackten Porzellanservices, Werkzeugpackungen, Koffersets und anno 1967 selbst gestrickten Socken heute noch problemlos jedem noch so großen Berliner Kaufhaus Konkurrenz machen könnte.

Der Vergleich hinkt aber leider – denn im Privathaushalt kam es nie zu einem Abverkauf wie in den Kaufhäusern. Bei Mama und Papa füllte sich alles im Gegenteil immer mehr, und irgendwann (also gefühlt 397 Jahre nach Kriegsende) sind sogar meine Vorfahren an dem Punkt zu sagen: »Jetzt ist genug!«

Mama beschließt: »Jetzt wird nichts mehr angeschafft, wir haben zu viel!«

Papa meint: »Vielleicht sollten wir jetzt endlich einmal alles aufbrauchen, was wir im Laufe der Zeit so gehortet haben?«

Mama erklärt: »Der Mensch schafft sich zu viele Dinge an, die er nicht braucht!«

Papa nickt dazu: »Da hat sie recht. Der Mensch umgibt sich mit viel zu vielen Dingen, die er letztlich nicht braucht!«

Wie? Habe ich richtig gehört? Was ist denn hier passiert?

Hat ein Außerirdischer meine Eltern entführt, ihnen in einem schwarzen Loch den Kopf gewaschen und sie nur wieder unter der Bedingung zurück auf die Erde gebracht, dass sie einmal ganz einer Meinung sind und ihren Haushalt reduzieren? Geschehen tatsächlich noch Wunder auf Erden?

Ich biete natürlich meine Hilfe beim Ausmisten an.

»Ausmisten! Wie das klingt!«, erwidert meine Mutter. »Das hier ist ein Haus und kein Kuhstall!«

»Ich mein ja nur, manchmal ist es leichter, wenn jemand hilft, wenn man sich von Dingen trennen will!«

»Und du trennst dich immer vorschnell!«

»Was soll das heißen, Mama? Ich bin seit fünfunddreißig Jahren mit meinem Mann zusammen …«

»Von Dingen! Du wirfst immer alles sofort weg! Mich reut der schöne Tisch heute noch, den du dir damals im Studium gekauft hast und den du dann einfach an den Nachmieter verschenkt hast!«

»Mama, das war ein Zehn-Euro-Teil von Ikea und nie stabil!«

»D-Mark!«, korrigiert mich meine Mutter. »Damals hatten wir noch D-Mark!«

»Also, bei dem Betrag ist die Währung jetzt auch schon wurscht!«

»Nein! Das summiert sich im Laufe der Jahre. Kleinvieh macht auch Mist!«

»Ich dachte, wir sind kein Kuhstall, sondern führen einen Haushalt ohne Mist!«, entgegne ich ausnahmsweise einmal schlagfertig.

Wir lachen beide.

Gut, dann misten sie halt nicht in einer größeren Aktion aus, so wie ich das machen würde. Dass sie überhaupt mal »abspecken« wollen, ist ja schon phänomenal. Um ein Lieblingszitat meiner Mutter zu verwenden: »Einsicht ist der erste Schritt zur Besserung.«

So weit der theoretische Stand der Dinge.

Der praktische Stand der Dinge sieht etwas anders aus:

Nach vier Wochen ist der Vorrat an Eingemachtem von vor 1999 weggeworfen oder aufgebraucht. Mama hat alle Marmeladengläser unter die Lupe genommen und extra viel Kuchen gebacken, um alles zu verwerten.

Der kleine Durchgang im Kellerraum ist um mindestens fünf Zentimeter breiter geworden – Papa hat alle Zeitschriften aus den Jahren 1957 bis 1983 entsorgt und sogar (Tusch!) zwei seiner sieben Bohrmaschinen, die nicht mehr funktionieren, zum Müll gegeben.

Außerdem hat sich meine Mama nach etlichen inneren und äußeren Kämpfen von Lesebrillen getrennt, die vermutlich in einem Drogeriemarkt für je rund drei Euro erstanden worden waren. Die äußeren Kämpfe bestanden unter anderem darin, mich mehrmals mit Fragen anzurufen:

»Glaubst du, es rentiert sich, in alte Lesebrillen neue Gläser einbauen zu lassen?«

»Nein!«

»Kannst du mal im Internet schauen, wo die Caritas solche Brillen sammelt?«

»Kein Land auf der Welt braucht diese Brillen, die man dort auch schon für ein paar Cent kriegt!«

Mein Mann war weniger mutig in Sachen Widerspruch und nahm mit einem »Danke« Batteriengroßpackungen meines Vaters an (»Können wir immer brauchen!«), von denen nach nur wenigen Stichproben klar war, dass sie längst keine Energie mehr liefern konnten. (Am Rande: Dass mein Mann uralte Dinge aus dem Haushalt meiner Eltern freudestrahlend zu uns in die Wohnung schleppte, brachte mich auf die Idee, Krimis zu schreiben. Da lassen sich Mordfantasien prima ausleben!)

Außerdem sortierte Mama noch alle Nudeln aus, die schon zerfallen waren (gibt es!). Und Papa brachte eigenhändig Bleistifte, die die Ein-Zentimeter-Grenze unterschritten hatten, zur Tonne.

Dann aber geriet das ganze Vorhaben ins Stocken, langsam, schleichend. Mama konnte eine *Brigitte* mit Datum 1973 nicht entsorgen, weil sie darin ein Rezept vermutete, mit dem sie einmal einen unvergessenen Geburtstag bei ihrer Freundin Angela ausgerichtet hatte. Ganz zu schweigen davon, dass ihr die *Brigitte-Diät* damals zum Purzeln sehr vieler Pfunde verholfen hatte.

Papa kam nicht umhin, die Miniatur-Isetta zu behalten, denn heute gebe es so qualitätsvolle Fahrzeugnachbildungen ja gar nicht mehr – meinen Einwand, dass dies billigster Made-in-China-Plastikmüll sei, ließ er nicht gelten. Das würde ich nicht verstehen, denn er sammle nicht nur Matchbox-Autos, sondern alle Arten von Isetta-Nachbildungen, »die alle noch mal etwas wert werden, in der ganzen Summe, also als komplette Sammlung«.

Nun gut – frau will ja niemanden drängen. Brauche ich selbst nicht auch schon immer mehr Zeit für gewisse Dinge? Habe *ich* nicht auch schon seltsame Anhänglichkeiten an abgewetzte Jacken entwickelt, mit denen ich die schönsten Urlaube verbinde? Und hat meine Tochter Eva nicht recht, wenn sie sagt, ich solle endlich mal diese Levi's-Jeans aussortieren, in die würde ich auch in meinem übernächsten Leben nicht mehr passen? Bloß weil ich damals ein ganzes Jahr lang mein Taschengeld für die Jeans gespart hatte, würde sie auch nicht größer! Und liegt nicht in meinem Küchenschrank auch ein Salatbesteck, das ich noch nie verwendet habe, aber so schön finde und nicht weggeben kann, weil es das besondere Geburtstagsgeschenk einer Freundin inmitten einer schlimmen Lebenskrise war? Und am Allerallerallerschlimmsten: Ich könnte mich von keinem einzigen Buch in meinem Bücherregal trennen – mit jedem Band sind so besondere Lektüre-Erlebnisse verbunden. Erkenntnisse und Emotionen. Erleuchtungen und das Abtauchen in andere Welten. Auch wenn das Papier abgegriffen und vergilbt ist. Das brächte ich niemals übers Herz!

Was fällt mir also ein, über den Eichhörnchentrieb meiner Eltern zu lästern, nur weil ich »das Glück der späten Geburt«

hatte und selbst doch jetzt schon ganz ähnliche Ansätze zeige, ohne jemals an Hunger oder anderen existenziellen Mängeln wie Brennholz zum Heizen (das sie auch horten!) gelitten zu haben?

Einen Anruf später revidiere ich meine Meinung aber wieder. Mama meint, weil sie jetzt schon so kräftig aussortiert hätten, sei endlich wieder Platz im Haus und sie müsse mir unbedingt erzählen, dass es beim Aldi hohe Filzhausschuhe im Sonderangebot gegeben habe, für Männer *und* Frauen! Für nur 9,99 Euro das Paar, das sei doch sensationell günstig!

»Mama, ihr habt mindestens fünf Paar Hausschuhe pro Person!«

»Schon, ja, vielleicht, aber die passen alle nicht mehr so gut!«

»Dann werft die alten weg!«

»Wer weiß, wozu die noch mal gut sind!«

»Mama, so mistet ihr *nie* aus!«

»Aber diese neuen Hausschuhe sind gut, für Besucher!«

»Mama, es gibt immer Gründe …«

»Ach, du kannst einfach nicht sparen, du kaufst alles immer nur, wann es dir passt, und baust nicht vor und denkst nicht weiter. Du musst nach Sonderangeboten sehen!«

Uff.

Ich spare mir eine Schnappatmung und versuche, meinen Kopf wieder einzuschalten.

Ich spare es mir, einen Sohn des bereits erwähnten Berliner Onkels zu zitieren, der sagt: »Zum Sparen brauchst du Zeit.« Seit der Rente habe er jetzt auch Zeit zu vergleichen. Jemand mitten im Berufsleben könne sich aber eine Schnäppchenjagd gar nicht leisten, schon gar nicht eine Frau mit Familienanhang.

Ich spare mir auch eine generelle Kritik an der Konsumgesellschaft.

Und ich spare mir zu sagen, was es für ein Unsinn sei, noch mal Hausschuhe zu kaufen, die sie bestimmt nicht mehr tragen würden, weil sie eh nur die alten verwenden, die sie seit Ewigkeiten lieben – und Gutes und Neues ohnehin immer »aufsparen für später mal«.

Mama hat unrecht – ich bin sparsamer, als sie glaubt. Allerdings auf einem anderen Feld. Ich bin nicht beim Erwerb von Dingen sparsam, sondern beim verbalen Austeilen. Bedingt durch eine gewisse eigene »Altersmilde«, den Alten auch ökonomischen Quatsch zu verzeihen, spare ich mir so einige Worte, die mir auf der Zunge liegen. Darunter auch den Satz meines Vaters, der immer gesagt hat: »Ein Klump kaufst dreimal!«

Das ist Erzbayerisch und heißt übersetzt: »Billige Waren rentieren sich in der Summe nicht, weil sie schnell kaputtgehen und du ständig nachkaufen musst.«

Und irgendwann in ganz grauer Vorzeit hatte meine Mutter einmal zu einer Freundin gesagt (ich war noch ein Kind, aber das habe ich genau gehört): »Lieber nur ein paar wenige, aber dafür gute Stücke bei Kleidung und Porzellan. Das macht mehr her, und der Schrank ist nicht so vollgestopft.«

Ah, das ist also mit Altersvergesslichkeit auch gemeint – die eigenen Weisheiten zu vergessen!

STELLENAUSSCHREIBUNG

Wanted!
Vollzeittochter!*
Join us!

Du bist:
- aufgeschlossen
- psychisch belastbar
- ehrlich
- körperlich trainiert
- pünktlich
- warmherzig
- organisationsstark
- hilfsbereit
- tolerant
- bürokratieversiert
- unvoreingenommen
- haushaltserfahren
- respektvoll
- krisenerprobt
- einfühlsam

Du verzichtest gerne auf Schnickschnack wie:
- Karriere
- Eigenleben mit Mann und Kindern
- Freizeit
- Geldverdienen
- Hobbys
- Partynächte
- lange Urlaube
- Vereinsleben
- Teilnahme an gesellschaftlichen Ereignissen und Zeitgeschehen wie politische Informiertheit durch Zeitunglesen/Internetportale

Kurzum:
Wir suchen dich, genau dich! Du bist eine Vollbluttochter!

Warum zu uns?

Wir sind ein transparentes Familienunternehmen, das nicht verheimlicht, dass dir zwar wenig Gehalt winkt, dafür aber ein höherer Gotteslohn. Ganz speziell spricht für uns:

• Du musst dich nicht mit Gewerkschaftsvertretern herumschlagen und kannst ganz nach Gusto ständig übertarifliche Leistungen erbringen.

• Du lernst immens viele Konfliktbewältigungsstrategien von Streit bis Beleidigtsein.

• Du hast die einmalige Chance, dich über Gebühr komplett aufzuopfern.

• Du gehst kein Karriererisiko ein, denn eine Karriere in diesem Bereich gibt es ohnehin nicht.

• Du trainierst deine Belastbarkeit ins Unermessliche.

• Du hast die einmalige Chance, dein schlechtes Gewissen zur Perfektion zu treiben und Schuldgefühle zu sammeln, denn du wirst es dir selbst nie recht machen können.

Haben wir dein Interesse geweckt?

Dann bewirb dich unter: »IchbindieperfekteTochter.de« mit Angabe deiner Gehaltsvorstellungen. Bewerberinnen unter einer Forderung von hundert Euro werden bei gleicher Qualifikation bevorzugt.

*Bewerbungen von Söhnen bei gleicher Qualifikation können wir leider nicht berücksichtigen, da sie erfahrungsgemäß den Anforderungen nur kurzfristig und nicht dauerhaft standhalten.

LAAANGWEILIG

Als Frau in den besten Jahren geht es Ihnen bestimmt so wie mir: Ich weiß gar nicht mehr, wohin mit der Langeweile in meinem Leben. Zwei Kinder sind zwar gerade erwachsen geworden und ausgezogen – auch wenn Tochter Eva vorübergehend auf der Suche nach einem neuen WG-Zimmer kurzfristig ihr Lager wieder bei uns aufgeschlagen hat –, aber trotzdem brauchen sie ständig noch irgendwas, angefangen bei Liebeskummertrost bis hin zu praktischen Haushaltsanweisungen für den Sohn Lukas (Mom, wie putz ich eine Toilette? Genügt da ein Spülmittel oder muss ich Salzsäure im Darknet besorgen? Wie machst du das eigentlich, ein Hemd zu bügeln, bist du eine Hexe?). Außerdem gibt es noch einen Mann an meiner Seite, der die drängendsten Fragen der Kinder nicht beantwortet, aber selbst Ansprüche der Art stellt wie: »Am Sonntag zwischen 16 und 17 Uhr wäre die beste Zeit, die Vögel auf dem Balkon zu füttern. Kannst du Nüsse dazu rösten?« Und dann sind da auch noch pflegebedürftige Mamas und Papas, die uns nicht zur Last fallen wollen und deshalb meist alles dafür tun, um uns nicht über Gebühr zu beanspruchen.

»Wir haben die Pflanzen aus dem Treppenhaus nach draußen gestellt und weißeln es«, sagt meine Mutter stolz am Telefon – und ich stehe sofort auf der Alarmbereitschafts-Matte. Treppenhaus weißeln? Die beiden werden ausrutschen und die Stufen hinunterfallen, weil ein Nachbar ihnen Planen geschenkt hat, aber kein Krepp-Klebeband dazu, weshalb sie alles garantiert ungesichert einfach so auslegen werden, denn so was wie

Klebebänder zählt zu unnützen Ausgaben verschwenderischer Charaktere ganz nach dem Motto: Das ist doch unnötiger Luxus!

Am nächsten Wochenende bin ich bei meinen Eltern, und das Treppenhaus im Einfamilienhaus erstrahlt fünf Stunden später im neuen Weiß. Mama hat Kuchen gebacken, und Papa ist zwar etwas nörgelig, weil er nicht zugeben kann, Hilfe bei dieser Malaktion zu brauchen – aber gut, das konnte ich psychologisch ganz gut meistern (»Ach, Papa, weißeln hast du noch nie besonders gemocht, auch wenn du sonst fast alles alleine im Haus gemacht hast! Denk dir nichts, das mache ich gerne!«).

Den Erfolg unserer Gemeinschaftsarbeit feiern wir bei Kuchen und Kaffee samt dieser Kondensmilch, die ich noch nie mochte und die es bei meinen Eltern schon immer gab. Ich habe den Malerkittel wieder ausgezogen und bespreche mit Mama weitere Pläne, das Haus betreffend, mit der Bitte um zeitliche Absprache. Denn dummerweise gibt es da noch etwas anderes in meinem Leben: Ich arbeite »nebenbei« auch noch für den Lebensunterhalt meiner Familie, sprich: Ich habe einen Job, mit dem ich unseren Laden finanziell am Laufen halte. Im Gegensatz zu Mama – die immer gegen Papa für den »Luxus« kämpfte, »arbeiten zu dürfen« – zahlt bei uns nicht zum größten Teil mein Mann die Miete, sondern ich steuere die Hälfte dazu bei.

Mama und Papa wissen das zwar abstrakt und haben mittlerweile sogar vollstes Verständnis (Mama: »Unter uns, das hätte ich mir auch immer gewünscht, so finanziell unabhängig wie du zu sein!«), doch was das ganz praktisch im Alltag bedeutet, sickerte offenbar auch nach Jahrzehnten noch nicht richtig in ihr Bewusstsein – ich habe nicht nur frei verfügbare Familienzeiten, sondern auch *Arbeitszeiten*. Mein Homeoffice im Wechsel mit Büro, ein Modell, das beide Eltern so nicht von früher kennen, trägt ein Übriges dazu bei, meine Erwerbsarbeit nicht ganz so ernst zu nehmen, denn ich sei ja auch »so oft daheim«.

Die Wahrnehmung der verfügbaren Zeit der anderen ist zudem, wie Soziologen wohl sagen würden, stark von der jeweiligen Peergroup geprägt.

Ob die Peergroup meiner Eltern nun Kleinspießer, ehemalige Kommune-1-Bewohner, Katholiken, Atheisten, dörfliche Eigenheimbesitzer oder Großstadtloft-Fanatiker sind, ist mir ehrlich gesagt herzlich egal. Soll doch jede und jeder alles so handhaben, wie er oder sie es will. Weniger egal ist mir allerdings, dass diese Peergroup der Alten hauptsächlich aus Menschen besteht, die ein aktives Arbeitsleben abgeschlossen haben und von der Rente oder der Pension leben.

Auch das sei allen wirklich von Herzen gegönnt – noch dazu, weil ich jetzt selbst immer öfter daran denke, was nun nach 65 mit mir wird, und den vorläufigen Rentenbescheid immer weniger verdrängen kann. Das Problem der Peergroup ist nur: Menschen in dieser Lebensphase haben seeeeehr viel mehr Zeit als unsereiner.

Das Weißeln im Treppenhaus meiner Eltern ist ein Klacks gegen die Aufforderung meiner Mutter: »Kannst du vielleicht noch Anni anrufen und ihr sagen, dass wir am Sonntag nicht mit zur Kirche fahren? Sie hat es bestimmt schon probiert, und wir waren wegen dem abgeklebten Telefon beim Weißeln nicht erreichbar.«

Nicht ahnend, was auf mich zukommt, bekunde ich meine Zustimmung durch ein abwesendes Nicken und rufe auf dem Rückweg von meinen Eltern auf der Autobahn über die Freisprechanlage bei Anni an.

Wie schön es sei, mich mal wieder zu sprechen, meint sie. Mama habe ja immer so viel von mir erzählt. Offenbar funktioniere aber ihr Telefon nicht, keiner ginge dran, wie gut, dass ich mich meldete. Was machten denn meine Kinder? Und wie ginge es mir überhaupt?

Mittlerweile bin ich in München angekommen, hab einen

Parkplatz gefunden, über zehn geschäftliche Mails sind in der Zwischenzeit eingetrudelt, aber ich lausche den Ausführungen von Anni zur Vorgeschichte ihres Bluthochdrucks, den Problemen mit einer Diabetiker-Brille und einem Wasser-Installateur, der, obwohl auf dem Land lebend, auch nach dreimaliger Aufforderung immer noch nicht gekommen sei. Ganz zu schweigen davon, dass die Heizung in der Stadtpfarrkirche viel zu sehr auf Sparflamme laufe und deshalb eine Zumutung sei. Und dass ihre Enkelkinder – sie hoffe ja mittlerweile insgeheim schon auf Urenkel – noch keine Ausbildung abgeschlossen hätten, das sei ein Skandal, und wie froh solle ich über die Zielstrebigkeit meiner Kinder sein, von denen Mama auch schon berichtet habe, wir seien einfach eine tolle Familie, was sich auch daran zeige, dass ich sie anrufe, wenn das Telefon bei meinen Eltern gerade nicht funktioniert.

Zwei Stunden später weiß ich zudem alles über die Essensvorlieben von Annis Mann, welches Service sie bei Geburtstagsfeiern verwendet, welche Kugeln sie vergangenes Weihnachten an den Christbaum gehängt hat (Rot kommt viel besser als Blau) und warum ihr Ururgroßvater anno 1832 das Haus verkauft hat.

Das Curry, das mein Sohn Lukas unterdessen bei einer seiner seltenen Stippvisiten daheim zubereitet hat, ist mittlerweile erkaltet, wie er auf WhatsApp schreibt und ich auf dem Parkplatz vor dem Haus lese – denn ich werde plötzlich so unverschämt, während des Telefonats mit Anni mich nicht mehr nur auf ihre Worte, sondern auf Mails und WhatsApp-Nachrichten zu konzentrieren, immer noch darauf wartend, endlich zu meinem Sohn nach oben gehen zu können, denn ich möchte nicht telefonierend die Wohnung betreten – diese Unart hatte ich bei den Kindern immer moniert.

Nachdem ich noch erfahren habe, dass Annis Manns Schuhgröße 41 hat, das Enkelkind dagegen 46; dass Annis rote Geranien im nächsten Sommer nicht mehr auf den vorderen, sondern nur noch auf den hinteren Balkon kommen; und dass der Schmitt vom Ort nun einen ganz schrecklichen neuen Hund hat, auch wenn sie selbst ihn noch nie gesehen habe, meint Anni schließlich: »Aber jetzt will ich dich nicht länger aufhalten!« Ich verkneife mir zu fragen, wie oft eigentlich ihre Kinder und Enkelkinder bei ihr anrufen, und lege auf.

Am nächsten Tag berichte ich Mama vom Telefonat, und sie meint: »Die Anni ist ja echt eine nette Frau, aber die ratscht immerzu, seitdem sie in Rente ist, die kriegt man gar nicht mehr los. Ich war ehrlich gesagt ja richtig froh, dass unser Telefon unter der Plane nicht zu benutzen war und du ihr kurz hast absagen können. Das kannst du einfach besser, es knapp halten!«

WERD BLOSS NICHT ERWACHSEN, DAS IST EINE FALLE!

Werd bloß nicht erwachsen, das ist eine Falle!«, warnte mich in grauer Vorzeit mal eine Cousine. Sie und ihre Aussage hielt ich damals für höchst bescheuert, denn es gab kein höheres Ziel in meinem Leben, als endlich volljährig zu werden. Das hieß nämlich: Discobesuche ohne Zeitlimit, Führerschein machen, wählen dürfen, Entschuldigungen für Unterrichtsabwesenheit selbst schreiben und mit dem sicher bald eintreffenden Traumprinzen im Fall der Fälle auch gegen den Willen der Eltern in die Karibik abhauen. Erwachsen werden hieß: Unabhängigkeit, unbegrenzte Freiheit, Selbstbestimmung. Dass Erwachsene sich zwar um Gelderwerb, Lebensmitteleinkauf und ein bezahlbares Zuhause selbst zu kümmern hatten, hatte ich zwar am Rande mal gehört – aber »so what?«. Wen interessierte das schon? Mich als Teenager jedenfalls nicht.

Nun habe ich den Salat. Im Laufe der Zeit bin ich so was von erwachsen geworden, mehr, als ich jemals wollte. Völlig übertrieben!

Ganz abstrakt lässt sich feststellen: Wenn die Eltern älter werden, wird die Verantwortung in einem schleichenden oder manchmal auch abrupten Prozess neu »verteilt«. Wir übernehmen immer mehr Verantwortung für sie – und sie immer weniger für uns. Diese Rollenumkehr mag für manche eine vorhersehbare, natürliche Entwicklung eines ungeschriebenen Generationenvertrages sein. Für mich war es jedoch ein äußerst schmerzhafter

Prozess. Denn diese abstrakte Erkenntnis impliziert sehr viel –
weder Mama noch Papa sagen mir noch, was ich zu tun oder zu
lassen habe, und ich kann mich nicht mehr darüber aufregen,
wenn sie sich in mein Leben einmischen wollen.

Wir haben zwar bisweilen mittlerweile selbst Kinder aufgezogen, Karriere gemacht und unser eigenes Leben mehr oder
weniger auf die Reihe gebracht – aber die seit der Pubertät (trotz
aller späteren Annäherungen) erlernte »Rolle« der rebellischen
Berufsjugendlichen fällt einfach flach, wenn sich niemand mehr
darum schert, ob ich Tante Inge nun zum Geburtstag anrufe
oder nicht, wenn ich auch an Weihnachten nicht pünktlich um
zwölf Uhr (und keine Minute später) zum Mittagessen erscheine
oder es gar wage, die Kifferei der Tochter als vorübergehende
Phase und nicht als ersten Schritt im Abstieg zum Pennertum
oder als Aufstieg zur ersten Pat*in* der kolumbianischen Drogenmafia zu sehen.

Oft markiert ein scheinbar ganz harmloser Satz, der immer
häufiger fällt, die entscheidende Wende: »Das musst *du* wissen,
du bist alt genug.«

Wie bei einer Spielzeugeisenbahn tuckert der Zug des elterlichen Lebens noch weiter vor sich hin, aber keiner stellt mehr die
Weichen, wenn wir selbst es nicht tun. Wir haben als Kind nun
endgültig ausgedient und noch schlimmer: Weder Mama noch
Papa sagen mehr, was »richtig« und »falsch« oder gar »gut« oder
»böse« ist, sondern fragen vielmehr *uns:* »Kann ich diesem Arzt
vertrauen oder will der nur ein Geschäft mit mir machen?« Wir
müssen jetzt immer öfter die Entscheidungen für das Leben der
Eltern fällen und festlegen, in welches Krankenhaus sie gehen, ob
eine homöopathische oder schulmedizinische Therapie sinnvoller
ist, welcher Handwerker geeignet und zugleich noch bezahlbar ist,
ob diese Hausratversicherung nicht völliger Nepp ist, wo eine
Geburtstagsfeier stattfinden soll (und wenn ja: mit welchen Leuten?!) und wie man die Garantie für einen neu angeschafften, nicht

funktionierenden Fernseher einklagt – der in Wirklichkeit keine Mängel hat außer einer »höchst eingeschränkten Benutzerfreundlichkeit«, um das mal so zu nennen, was wiederum daran lag, dass dieses Gerät ein Aldi-Sonderangebot »made in China« war und sich offenbar auf dem ganzen Weltmarkt keine Übersetzerinnen mehr finden lassen, weshalb der Beipackzettel ähnlich Ikea-Bauanleitungen nur mit chinesischen Schriftzeichen und lustigen Bildchen und Glückskeksversprechungen versehen war, darunter der Sinnspruch: »Das Glück tritt gerne in ein Haus ohne WLAN.«

Wir stellen also immer öfter die Weichen beziehungsweise WLAN-Router neu ein, damit »der Laden« bei Mama und Papa gut läuft.

Mit etwas Glück haben Sie Söhne oder Töchter oder Nichten oder Neffen oder sonstige Verwandte der jüngeren Generation, die Technik intuitiv verstehen und mit ein paar Knopfdrücken auf den elterlichen Geräten Ihren Kopf für die anderen Baustellen wie Ärzte oder Handwerker frei halten.

Mit etwas Glück lassen sich zwar die technischen Probleme lösen, aber für die zunehmende Verantwortung für die anderen Bereiche des Lebens gibt es keine »technischen Lösungen«. Der Prozess schreitet voran, und – wir sollten uns da keine falschen Hoffnungen machen – es wird noch mehr auf uns zukommen: weitere Entscheidungen, mehr Kümmern und deshalb zunehmende Sorgen.

Und doch gab es irgendwann einen Punkt in diesem Prozess, an dem mir leichter wurde. Eine Cousine von mir ist Ärztin und meinte bei einem Gespräch: »Du kannst ihnen nicht alles abnehmen, eine Grundverantwortung für sich selbst bleibt bei jedem Menschen, ob Kind oder Senior.« Natürlich gingen wir mit dem jeweiligen Alter unserer Nächsten mit. Den kleinen Sohn hielten wir davon ab, auf die befahrene Straße zu laufen. Die alte Mama ermahnten wir, das Blutdruckmessen nicht zu vergessen.

Aber ich bin letztlich nicht für die Zufriedenheit der Eltern im Leben verantwortlich – ich kann nur unterstützen. Vor allem bin ich letztlich nicht für ihr Glück verantwortlich. Die Lebensfreude und der wirkliche Lebenswille liegen jenseits aller liebevollen Nähe und allen medizinischen Kümmerns nur in ihren eigenen Händen.

Weil wir sie so lieben, Mama oder Papa oder beide, wollen wir ihnen alles zurückgeben, was sie uns im Laufe unseres Lebens gegeben haben. Sie haben einst wegen uns Nächte durchwacht, unsere Windeln gewechselt, Obst klein gerieben und verfüttert, auf Karriere verzichtet, einen Jobwechsel wegen unserer Schule ausgeschlagen, mit uns geduldig das kleine Einmaleins gepaukt oder einen Urlaub abgesagt, um unser Studium zu bezahlen.

Es ehrt uns, sie nicht nur als biologische Vorfahren zu sehen, sondern selbst nach schlimmsten Kämpfen in der Pubertät oder diversen Auseinandersetzungen später für sie einzustehen, wenn sie nun unsere Hilfe brauchen – im besten, vielleicht altmodisch klingenden Sound eines »Wir sind eine Familie«.

Sie waren mindestens so gute oder ungute Eltern, wie wir gute oder ungute Töchter oder Söhne waren. Und zwischen uns hat sich im Laufe der Jahre auch wunderbarerweise die Moral verloren – wir fragen nicht mehr nach »gut« oder »böse«, sondern handeln füreinander, stehen füreinander ein, wenn es darauf ankommt. Je nach bestem Wissen und Gewissen, aber nicht mehr mit der Frage: »Bin ich eine gute Tochter, und wenn ja, wie viele?« Solche Fragen stellen sich vielleicht männliche Philosophen-Schönlinge, die ins Fernsehen drängen. Wir hingegen organisieren Technikfreaks, besprechen mit arroganten Göttern in Weiß Therapiemöglichkeiten und rufen nach gefühlt 173 Jahren auch wieder Tante Inge an, um ihr zum Geburtstag zu gratulieren.

Kurzum: Wir sind gute Töchter. Auch oder weil wir nun wirklich und endgültig erwachsen werden müssen.

BEI ZEUS!
DIE LIEBEN SICH WIRKLICH

In einem Dorfe voll wohlhabender Einwohner, so erzählt Ovid in seinen *Metamorphosen,* lebte ein armes, aber zufriedenes und durch Eintracht und Liebe verbundenes glückliches Ehepaar – Philemon und Baucis. Zu jenem Dorfe wandelten einst in Menschengestalt Zeus und sein Sohn Hermes, wie es bisweilen die Himmlischen taten, um die Sterblichen zu versuchen. Die Götter klopften an alle Türen, bittend um Aufnahme für eine Nacht, doch keine öffnete sich. Nur die Ärmsten des Ortes, Philemon und Baucis, nahmen die Fremdlinge auf und boten ihnen Wein zum Trinken an. Als sich der Weinkrug immer von Neuem füllte, erkannten die Menschen, dass ihre Gäste Unsterbliche waren, und wollten ihre einzige Gans für die Gäste schlachten.

Das lehnte Zeus ab, und er offenbarte sich als der Gott der Götter, gnädig und zürnend zugleich. Er führte die alternden Gatten auf einen Hügel, von dem sie sahen, wie schwellende Wasserfluten heranbrausten und alle Häuser des Ortes samt ihren Bewohnern verschlangen. Nur die Hütte des gastlichen Paares blieb stehen und verwandelte sich zum säulengetragenen Göttertempel. Zudem wollte Zeus den beiden Menschen noch einen Wunsch gewähren.

In diesem Tempel den Göttern dienen zu dürfen und dann vereint zu sterben war alles, was Philemon und Baucis erbaten. Lange Jahre lebten sie als treue Hüter des Tempels, bis ihnen im hohen Greisenalter das Ende nahte. Aber keiner von beiden sah den anderen sterben, sondern zugleich wurden beide in starke Bäume – Philemon in eine Eiche, Baucis in eine Linde – verwandelt, die vor dem Tempeleingang standen; und so umfingen sie einander mit dem Gezweig noch liebend nach der Verwandlung, und es rauschte das Lob der Gottheit durch die flüsternden Blätter.

So weit die Geschichte nach Ovid. Beim Nacherzählen dieses Mythos küsste mich plötzlich eine Muse und gewährte mir auch einen Wunsch – ich dürfe noch ein paar Hintergründe erfahren, wie es zu dieser gemeinsamen Bitte des Paares kam. Denn, so die Muse, Ovid habe als typisch männlicher Erzähler eine entscheidende Szene unterschlagen.

Diese Szene spielt unmittelbar nach der Aufforderung der Götter, sich etwas zu wünschen. Zeus hat mit Hermes das Haus kurz verlassen, damit sich das Paar besprechen kann. Hier das exklusive Protokoll:

PHILEMON *(überwältigt)*
Wir haben einen Wunsch frei bei den Göttern!

BAUCIS
Ich bin auch platt! Ich weiß gar nicht, was ich dazu sagen soll. Das ist … irgendwie nicht zu fassen!

PHILEMON
Wir müssen uns was überlegen, ehe Zeus wieder zurückkommt.

BAUCIS
Was du nicht sagst – als ob ich das nicht wüsste. Es geht hier nicht darum, ob wir uns eine neue irdene Schüssel kaufen oder nicht. Wir dürfen uns jetzt keinen Unsinn wünschen, den wir später bereuen!

PHILEMON
Selbstverständlich nicht! Davon rede ich ja auch.

BAUCIS
Das ist eine einmalige Chance, ein Sechser in der göttlichen Lotterie sozusagen …

PHILEMON
Ich werde mir bestimmt kein Pferd oder einen Wagen wünschen, wie ihn die Reichen hier haben, das wäre … verschenkt!

BAUCIS
Wie gut, dass du das auch so siehst. Ich dachte ja gerade eben auch an den neuen Tisch, den ich mir schon so lange gewünscht habe. Mit einer Tischdecke. Aber das ist viel zu profan, auch für die Götter!

PHILEMON
Allerdings. Wir müssen philosophischer werden, metaphysischer …

BAUCIS
… obwohl so ein neuer Tisch auch nicht per se unphilosophisch ist.

PHILEMON
Möglich. Aber zu klein … also wir müssen in größeren Dimensionen denken!

BAUCIS
Natürlich! Als ob ich das nicht wüsste!

PHILEMON
Entschuldige bitte, aber du wiederholst dich. Wirst du jetzt eine alte Frau?

BAUCIS *(atmet tief durch/zornig)*
Was soll das? Gehst du jetzt auf mich los, weil du überlastet bist? Das wäre ja mal wieder typisch!

PHILEMON
Das interpretierst du nur so, ich denke in größeren Zusammenhängen …

BAUCIS
… und ich vielleicht nicht?

PHILEMON
Doch, natürlich auch! Jetzt keif doch nicht so herum, konzentrieren wir uns auf das Wichtige!

BAUCIS
KEIFEN? Was denkst du dir eigentlich bei so einer Wortwahl?

PHILEMON
Nimm doch nicht immer alles so wörtlich! Das sagt man halt so …

BAUCIS
… und wenn ich sage, kannst du nicht *einmal* den Hof fegen, dann regst du dich auf, weil du das ja schon öfter gemacht hast!

PHILEMON
Das ist doch etwas ganz anderes …

BAUCIS
Ha! Das ist das Gleiche in Grün! Du misst dich und mich mit verschiedenen Maßstäben.

PHILEMON
Wir sind hier nicht bei den Amazonen! Ein Mann hat schon noch mehr Rechte!

BAUCIS
Ach, und diese Ungerechtigkeit machst du dir jetzt auch zu eigen? Nein, mein Lieber, das steht dir nicht gut an!

PHILEMON
Trotzdem …

BAUCIS
Ist das ein stichhaltiges Argument – »trotzdem«?

PHILEMON *(geknickt)*
Also gut, du hast ja recht.

BAUCIS *(schaut nervös auf die Sonnenuhr)*
Wir müssen wirklich gucken, wir müssen uns entscheiden, lass
uns nicht streiten! Wir haben einen Wunsch an die Götter frei –
wer hat das schon im Leben?!

PHILEMON
Ja! Nein! Keiner der Sterblichen sonst.

BAUCIS
Vor ein paar Jahren hätte ich noch gesagt: Wir brauchen
Geld.

PHILEMON
Das sage ich heute noch – unsere Speisekammer ist leer. Wir
werden wieder hungern. Wenigstens haben die Götter abgelehnt,
dass wir die Gans für sie schlachten.

BAUCIS
Und die Hütte ist alt und kalt und verfällt …

PHILEMON
Ich weiß. Wir sind zu arm. Ich konnte nicht genug für uns
verdienen. Weißt du noch, wie schlecht die Bezahlung beim
Forumbau war? Und welchen Hungerlohn der Karaffenhändler
zahlt?

BAUCIS
Wie meinst du das? Hast du ein schlechtes Gewissen, weil du deine Ernährerrolle schlecht erfüllen konntest?

PHILEMON *(sieht sie verblüfft an)*
Ja, auch.

BAUCIS
Aber du weißt doch, dass es mir egal ist, wie viel Geld du verdienst. Sonst hätte ich mir auch einen reichen Aristokraten angeln können, als ich noch jung und schön war.

PHILEMON
Liebling! Du bist immer noch schön! Wenn auch vielleicht nicht mehr so jung.

BAUCIS *(küsst ihn spontan)*
Ach, Philemon! Ich liebe dich!

PHILEMON *(umarmt sie)*
Ich dich auch! Aber bedenke bitte: Wir müssen nun eine Wahl treffen.

BAUCIS
Wir brauchen einen Wunsch, der uns langfristig hilft. Also etwas wie eine Schatztruhe, die sich immer wieder von selbst füllt!

PHILEMON
Das ist eine gute Idee!

BAUCIS
Aber vielleicht gehen wir damit zu weit, vielleicht ist der Wunsch zu unverschämt groß? Vielleicht versteigen wir uns in zu große Träume?

PHILEMON
Hm … das könnte natürlich auch sein. Andererseits: Wer, wenn
nicht Zeus kann solch ungewöhnliche Dinge verstehen?

BAUCIS
Er selbst macht wirklich ungewöhnliche Dinge, ja. Er hat sich
auch schon in einen Stier verwandelt, um Europa zu entführen.

PHILEMON
Aber sein Zorn ist auch legendär – wenn er wütend wird, dann
richtig. Schau dir den Ätna an, der Vulkan, den er uns da in
seiner Wut gemacht hat, kann noch Jahrtausende ausbrechen
und Feuer spucken.

BAUCIS
Aber Zeus ist uns wohlgesinnt, sonst dürften wir uns nichts
wünschen!

PHILEMON
Stimmt auch wieder.

BAUCIS
Wir können uns Gold und Geschmeide wünschen oder auch,
dass es nie wieder Kriege gibt! Das ist eine historische Chance,
die wir gerade haben. Vielleicht dürfen wir nicht nur an uns
denken?

PHILEMON
Nie wieder Kriege! Das *müssen* wir uns fast wünschen! Das ist
das Beste für die Menschheit!

BAUCIS
Nein, wenn ich das noch mal recht überlege: So, wie ich Zeus
einschätze, würde er Kriege über das Hintertürchen ohnehin

wieder einführen, der ist einfach von Grund auf so aggressiv, und dann haben wir den Salat statt die Erfüllung eines persönlichen Wunsches.

PHILEMON
Hm, ja … aber dürfen wir nur für uns etwas einfordern und uns bereichern auf Kosten der Gesellschaft? Es geht gerade um deutlich mehr als unseren Hausstand!

BAUCIS
Ich glaube nicht, dass Zeus das so für die Allgemeinheit gemeint hat, sondern nur für uns. Aber was sollen wir uns denn nun wünschen, wenn wir nicht klein-klein denken? Ich denke nicht an Tischdecken und du nicht an einen Pferdewagen. Wir müssen groß denken und träumen!

PHILEMON
Damit hast du absolut recht.

BAUCIS
Lass uns mal überlegen – was ist denn wirklich wichtig?

PHILEMON
Gesundheit.

BAUCIS
Und die Liebe. Unsere Liebe.

PHILEMON
Gesundheit und unsere Liebe, ja.

BAUCIS
Und beides werden wir nicht ewig haben. Wir sind keine Unsterblichen.

PHILEMON *(streichelt Baucis zärtlich)*
Ach, ich hab gar keine Angst vor dem Tod. Da halte ich es mit Epikur, der sagt: »Wo ich bin, ist das Leben, und wo ich nicht bin, ist der Tod. Beide haben nichts miteinander zu tun.« Ich habe aber Angst vor *deinem* Tod, davor, dass du nicht mehr bei mir bist.

BAUCIS *(küsst ihn)*
Ich auch, Liebster. Wie schön deine Worte sind. Wann hast du mir zuletzt so etwas gesagt …

PHILEMON
Wer wird zuerst gehen müssen?

BAUCIS
Niemand kann es uns sagen. Der Gedanke, an deinem Grab zu stehen, schnürt mir die Kehle zu. Ich weiß nicht, wie ich das aushalten sollte, dich unter der Erde zu sehen.

PHILEMON
Ohne dich wüsste ich nicht, wie ich noch atmen kann …

BAUCIS *(versucht zu scherzen)*
Komm schon, du bist ein Mann, der hart im Nehmen ist. Es ist vielleicht möglich, aber doch eher unwahrscheinlich, dass du ohne mich nicht zurechtkommst. Ich kann keinen Wagen lenken, bin also nicht mobil, aber du kannst dir wenigstens Spiegeleier in der Pfanne braten, obwohl du nie gekocht hast. Du kommst ohne mich eher durch.

PHILEMON *(verzweifelt/zärtlich)*
Nein!

BAUCIS *(verzweifelt/zärtlich)*
Doch!

Beide nehmen sich fest in den Arm und blicken sich liebevoll in die Augen.

PHILEMON
Unsere Liebe ist Fluch und Segen zugleich, denn irgendwann einmal wird uns der Tod trennen und das Herz des anderen zerreißen. Es sind zu viele glückliche Jahre, die wir zusammen verbracht haben. Wir sind zu einer Einheit verschmolzen, eins geworden …

BAUCIS
Vielleicht hätten wir einfach mehr getrennt unternehmen müssen, jeder seinen eigenen Bereich mehr pflegen.

PHILEMON
Warum? Es war doch so schön, von den kleinen Streitereien abgesehen.

BAUCIS
Dann hätten wir jetzt am Ende nicht den Salat!

PHILEMON
Wir sind noch lange nicht am Ende und haben noch lange nicht den Salat. Du kannst doch nicht vom Ende her denken und alle Jahre verwerfen, die wir gemeinsam so genossen haben, nur weil es dann einfacher wäre, jeweils ohne den anderen zu leben.

BAUCIS
Ja, du hast recht … es ist nur … ich habe so Angst vor diesem Moment.

PHILEMON *(scherzend)*
Klar, du kriegst ja nicht mal eine größere Witwenrente vom phrygischen Staat!

BAUCIS (*lachend*)
Ach, du Liebster, in der schlimmsten Lage hast du noch Humor!
Das ist großartig, deshalb liebe ich dich auch so sehr.

PHILEMON
Moment mal – wir sind noch lange nicht in der schlimmsten
Lage, im Gegenteil, denk mal daran: Wir haben einen Wunsch
frei bei den Göttern!

BAUCIS (*zärtlich/liebevoll*)
Und dein Optimismus, deine positive Energie … also, jetzt weiß
ich es: Ich werde Zeus darum bitten, dass du vor mir stirbst, ich
liebe dich so sehr, dass ich um mein Überleben bitte, um dir
mein Ableben zu ersparen.

PHILEMON
Nein, Baucis, opfere dich nicht so typisch weiblich auf. *Ich* werde
Zeus darum bitten! Ich liebe dich mehr als mich. Und ich bin
schließlich der Mann, der härter im Nehmen ist, wie du sagst.

Baucis strahlt nach dieser ironischen Bemerkung ihren Mann an.
Sie umarmen und küssen sich wieder. Sie versinken im Augenblick
der Liebe. Da taucht Zeus plötzlich wieder im Haus auf, und die
beiden lassen voneinander ab.

ZEUS
Ich störe ja ungern, aber ihr zwei habt mich gerade etwas gelehrt
über die Liebe, und ich möchte jetzt eine salomonische Lösung
anbieten, an die ihr beide vielleicht gar nicht gedacht habt.

Philemon und Baucis starren Zeus verblüfft an.

ZEUS
Als Gottvater hab ich ja schon einiges gesehen und selbst auch etliches im Repertoire, um, nun ja, wie soll ich sagen, meine Leidenschaft zu leben. Aber ihr beide, das ist eine Liebe, wie ich sie nicht kenne und vielleicht nie erfahren kann.

BAUCIS *(schüchtern)*
Aber du kannst doch alles, dich sogar in Tiere verwandeln, um deine Leidenschaft zu leben …

ZEUS
Leidenschaft ist nicht Liebe. Aber das will ich auch gar nicht diskutieren. Das sollen die Sterblichen machen, die dazu noch viel erfinden werden, wie Demokratie und soziale Netzwerke, und in unermüdlichen Debatten ihren Spaß haben werden. Jetzt geht es erst mal um euch zwei Hübschen. Ihr habt mich beeindruckt.

PHILEMON
Mit unserer alten Hütte? Ich habe es nie zu etwas gebracht!

BAUCIS
Ich altes Weib mit meinen Falten?

ZEUS
Schweigt still! Macht mich nicht zornig mit so Äußerlichkeiten.

BAUCIS
Ja, Entschuldigung …

ZEUS
Und jetzt möchte ich endlich zum Punkt kommen, ehe ich wirklich dringend wieder weitermuss. Wir Götter haben viele Baustellen, also einiges zu tun. Also wie wäre es damit, dass ich euch beide zusammen sterben lasse, gleichzeitig?

BAUCIS
Das wäre … ich weiß gar nicht, wie ich sagen soll … genial.

PHILEMON *(begeistert)*
Großartig! Gleichzeitig mit Baucis gehen zu können wäre mein größter Wunsch, auf den ich gar nicht gekommen bin. So weit hat offenbar meine Fantasie nicht gereicht!

BAUCIS *(demütig)*
Meine auch nicht.

ZEUS *(ungeduldig)*
Gut, dann machen wir es jetzt kurz. Denn ich muss, wie gesagt, weiter. Kommt mit, wir gehen jetzt auf einen Hügel, und ich zeige euch noch etwas.

Philemon und Baucis sehen vom Hügel aus, wie sich ihre Hütte plötzlich in einen goldenen Palast verwandelt, und glauben, Zeus hätte den Wunsch, gemeinsam sterben zu dürfen, doch wieder verworfen.

Im Tempel dienen beide treu den Göttern – wie allgemein bekannt. Weniger bekannt ist hingegen, dass das Ehepaar der Legende nach auch noch etwas für andere Menschen erreichen wollte und mit dem Götterboten Hermes viele kleine Hilfspakete zu armen Ehepaaren schickte, verbunden mit der Aufforderung, die gemeinsame Zeit auf Erden zu genießen und nicht zu streiten.

Philemon und Baucis jedenfalls sahen sich eines Tages doch beide gleichzeitig gehen und sich in ineinander verschlungene Bäume verwandeln, deren Gezweig sich bis heute berührt.

HERZLICHEN GLÜCKWUNSCH!
SIE HABEN 100 000 EURO
GEWONNEN!

Manchmal verrät sich der fortgeschrittene Seniorenstatus nicht zuerst durch körperliche Gebrechen samt benötigten Hilfsmitteln wie einer zunehmenden Medikamentenmenge, einem Rollator oder einer Badewanneneinstiegshilfe, sondern durch eine Art »Realitätsschleier«. Ich weiß nicht, wie ich das anders bezeichnen soll, denn sowohl meine Mutter wie auch mein Vater haben zwar keinen IQ über 130, aber auch keinen unter 100. Also, das behaupte ich zumindest mal, denn ein Test wurde bei beiden meines Wissens nie gemacht. Beide sind vernünftig, pragmatisch, klug. Oder *waren?* Bis zu einem gewissen Zeitpunkt habe ich mich jedenfalls immer auf ihr einigermaßen realitätsnahes Urteil verlassen können. Natürlich waren wir öfter verschiedener Meinung, insbesondere was adäquate Haushaltsführung, Politik, Kindererziehung, Essen durch Lieferdienste oder Altersvorsorge betrifft. Aber das lag sozusagen immer im Rahmen des normalen familieninternen demokratischen Spektrums. Im Moment sehne ich mich aber sogar regelrecht nach dieser Art von Debatten samt den dazugehörigen Vorwürfen zurück.

»Du wirfst doch das Geld zum Fenster hinaus, nur weil du zu faul zum Kochen bist, und kaufst dir Fertigessen!«

»Mama, ich hab einen Fulltimejob, ziehe gerade um, habe zwei Kinder, und die Pizza vom Lieferdienst kostet fünf Euro das Stück und schmeckt auch noch gut.«

»Kauf dir endlich eine Eigentumswohnung, du verheizt doch das Geld durch die Miete! Mit einer eigenen Wohnung hast du auch noch im Alter was und auch deine Kinder!«

»Wir haben aber das Eigenkapital nicht, um einen Kredit zu kriegen.«

»Das heißt Hypothek, nicht Kredit! Und stell dich nicht so an, du hast doch bloß Angst.«

»Du hast leicht reden mit Papa als Beamtem. Bei uns ist das anders, weil …«

»Hör mal, Schätzchen, es gibt tausend Ausreden, die Altersvorsorge nicht gebacken zu kriegen. Wir haben das mit dem Hausbau geschafft, obwohl wir nur *ein* Einkommen hatten!«

»Du steigerst dich in die Schule hinein, das ist doch völlig übertrieben, mit den Kindern Hausaufgaben zu machen! Das müssen die alleine machen, sonst wird aus ihnen später nie was! Ich war nur ein einziges Mal auf einem Elternabend an deiner Schule, in der fünften Klasse, und da hat mich die Lehrerin weggeschickt mit der Bemerkung, ich solle ihr nicht die Zeit stehlen.«

»Das ist doch heute ganz anders, Mama, die Schule erwartet, dass man da kommt. Die haben mir ja fast Kindsvernachlässigung unterstellt, weil ich drei Wochen nach Schulbeginn immer noch nicht bei der zuständigen Lehrkraft war!«

So oder so ähnlich gingen die Debatten früher bei uns. Meine Mutter war immer etwas übergriffiger als mein Vater, der alles eher immer ins Harmonische zog. Bei den Eltern meines Mannes war es genau umgekehrt: Da versuchte die Mutter immer zu beschwichtigen und zu vermitteln, während der Vater dem längst erwachsenen Sohn noch erklären wollte, wie eine gute Ehe, der Finanzmarkt oder die einzig akzeptable Lebensführung funktionierte. Aber bei beiden Familien verlor sich im Laufe der Zeit die Schärfe der Meinungsverschiedenheiten. Vielleicht sparte man auch einfach gewisse Themen aus, weil man doch ohnehin wusste, was der andere dachte. Und in manchen Punkten näherte man sich sogar an. So oder so war aber davon auszugehen, dass die Alten schon grundsätzlich peilten, was gesellschaftspolitisch, pragmatisch und familiär wichtig war.

Der Moment, von dem an sich diese Selbstverständlichkeit verlor, war ein Anruf meiner Mutter.

»Sag mal, kannst du mir mal helfen? Da ist ein Schreiben von der Rentenversicherung gekommen und eine Gewinnbenachrichtigung. Da muss ich so viele Formulare ausfüllen.«

»Klar, Mama, mach ich gleich nächste Woche, da komme ich!«

Wir machen uns zunächst an das Schreiben der Rentenversicherung. Der Behördenkram lässt meinen Blutdruck auf den einer mindestens 95-Jährigen hochschnellen. Können die meine Mama nicht in Ruhe lassen, die diesen Kram schon x-mal ausgefüllt hat und jetzt um sechs Euro mehr oder weniger streiten muss? Was will der Staat von einer alten Frau, die immer brav Familienarbeit geleistet, Kinder aufgezogen und mit der miesen Steuerklasse fünf dazuverdient hat?

Aber gut, so ist das nun mal – ich beruhige mich.

Doch das nächste Schreiben, die Gewinnbenachrichtigung, lässt meinen Blutdruck auf den einer mindestens 195-jährigen Frau hochschnellen! Mama glaubt wirklich, sie würde 100 000 Euro bekommen, wenn sie die Benachrichtigungsgebühr von läppischen 397 Euro bezahlte – selbstverständlich in einem schönen Rahmen, man würde sie dazu auch zum Essen einladen, jetzt brauchten sie aber erst einmal weitere Kontaktdaten wie ihre Telefonnummer und die E-Mail-Adresse.

»Die Telefonnummer hab ich schon eingetragen, aber was machen wir mit der E-Mail-Adresse? Ich hab doch keine. Wie heißt denn deine? Da sind immer so komische Zeichen drin, das kann ich mir nicht merken!«

»Mama, das ist ein Nepp! Du glaubst doch nicht wirklich, du kriegst 100 000 Euro als Gewinn für ein Gewinnspiel, an dem du niemals teilgenommen hast. Oder bist du heimlich im Casino gewesen?«, scherze ich noch.

»Nein, natürlich nicht!«, erklärt sie. »Aber warum sollte ich das denn nicht annehmen? Ich krieg doch was!«

»Das glaubst du doch nicht im Ernst, dass du da was kriegst!«, erkläre ich. »Die laden dich zu einem Essen ein, knöpfen dir die Gebühr ab, und hinterher siehst du keinen Cent mehr.«

»Meinst du wirklich?«

»Ja! Ganz entschieden JA! Und ich verstehe auch gar nicht, wie du darauf hereinfallen kannst, du hast doch solche Fallen immer schneller durchblickt als ich! Du bist doch geistig noch fit.«

»Was soll das heißen: ›geistig noch fit‹? Das klingt ja fast so, als wär ich altersschwachsinnig!«

»Nein, natürlich nicht! Aber … Mama, dass du diesen Nepp nicht verstehst, das schockiert mich jetzt schon ein wenig.«

»Also hältst du mich doch für altersdebil. Bloß weil du nicht gewonnen hast, sondern ich!«

Meine Mutter weiß natürlich, dass ich ihr einen Gewinn niemals neiden würde, sie hat nur eine reflexhafte Verteidigungshaltung eingenommen, weil sie sich nicht eingestehen kann, so einen perfiden Trick nicht durchschaut zu haben. Vor drei Jahren noch hätte sie sich über so miese Maschen echauffiert.

Okay, denke ich, lassen wir das Thema. Einen Aussetzer kann jeder mal haben! Bin ich selbst nicht schon einmal auf eine völlig überteuerte Antifaltencreme hereingefallen und habe fast hundert Euro für eine komplett wirkungslose Mischung ausgegeben, nur weil ich mir von ihr versprochen hatte, ich würde daraufhin zwanzig Jahre jünger aussehen? Eben!

Die Episode mit dem Gewinnschreiben wäre vergessen, würden sich nicht ein paar Monate später und dann vehement ein Jahr später immer mehr komische Zufälle häufen – da rufen Leute an, die meinen Vater und nur ihn sprechen wollen. Da schenkt mein

Vater meiner Mutter eine Papst-Münze zu Weihnachten, die sehr edel verpackt ist, aber doch eher billig aussieht und über die sich meine Mutter so gar nicht freut. Und dann sehe ich schließlich zufällig bei einem Besuch auf dem Esstisch meiner Eltern einen von meinem Vater unterzeichneten Kaufvertrag liegen – 4000 Euro will er für einen Atlas bezahlen, in Raten. Wie bitte? 4000 Euro für einen Atlas? Ich kenne mich wirklich nicht mit so vielen Dingen aus, aber wenn, dann mit Büchern. Und ein Atlas für 4000 Euro kann nicht sein. Noch dazu bei näherer Betrachtung – das ist ein höchst billiger Reprint, völlig überteuert!

»Da ist ein netter junger Mann da gewesen, grad als die Mama beim Gebetskreis gewesen ist!«, erklärt mein Vater, und ich verstehe plötzlich – hier war eine Drückerkolonne unterwegs. Und die hatten sogar genau abgepasst, wann meine Mutter nicht im Haus war. Denn ihr war das Gewinnversprechen offenbar eine Lehre gewesen, jetzt im Alter auf »Nepper, Schlepper, Bauernfänger« achtzugeben.

Perfider geht's ja wohl nicht! Mein Blutdruck kocht auf mindestens 1070 hoch.

Da auch mein Vater nicht doof ist, versteht er meine Erklärung und ist damit einverstanden, dass wir eine Widerrufserklärung schreiben und sogar, dass ich den Vorgang der Polizei melde, von der ich erfahre, dass die da jetzt zwar auch nichts weiter machen können, aber wir ein Kontaktverbot aussprechen können. Das geht übrigens ganz einfach – ein Anruf genügt, und die entsprechende »Firma« setzt das auch um, weil ihr sonst im Rahmen unserer Gesetzgebung mittlerweile größere Strafen drohen.

Diese »Firma« lässt sich nie wieder blicken, aber andere »Glücksversprechen« tauchen immer wieder postalisch, telefonisch oder gar in Form von persönlichen Überbringern »guter Nachrichten« an der Haustür auf. Mein vehementes »Briefing« sitzt meinen Eltern zwar noch in den Knochen, aber ich würde meine Hand nicht dafür ins Feuer legen, dass man sie nicht doch noch einmal ködert. Was machen eigentlich ältere Herrschaften, die keine Tochter haben, die sich da querstellt? Wie infam ist es eigentlich, ältere Menschen um die kleine Rente zu bringen? Gibt es da gar keine Skrupel? Haben die zugegebenermaßen selbst unter miesem Druck stehenden Vertreter keine Großeltern, denen sie so etwas niemals antun würden?

Wie selten in meinem Leben werde ich wütend. Wie kann ich dem Einhalt gebieten? Und wie immer in meinem Leben werde ich nicht dann am zornigsten, wenn es um mich selbst geht, sondern wenn es die vulnerabelsten Menschen trifft, die sich nicht wehren können: Schwächere, Ältere, Arme, Behinderte, Vergessene.

Ich melde das alles bei den Verbraucherzentralen und rufe alle Anwälte in meinem Freundeskreis an. Und auch bei der Polizei vor Ort melde ich mich noch mal in meiner vollen Empörung.

»Sparen Sie sich die Ausführungen«, erklärt da so ein Typ am Telefon, der der Stimme nach zu schließen gerade erst seinen fünfundzwanzigsten Geburtstag gefeiert hat. Ich setze schon dazu an zu sagen, dass er ja wohl gar nichts verstehen würde, aber der junge Mann redet einfach weiter.

Dagegen, so der Beamte, könnten sie nun beim besten Willen nichts machen, die Senioren seien ja schließlich nicht unmündig und würden schon wissen, was sie da tun. Seine Großeltern studierten übrigens auch jeden Tag die Aldi- und Lidl-Sonderangebote und kauften nur so Zeug ein. Das komme aber immerhin seiner Frau, seiner Familie und den gemeinsamen Kindern zugute, denn er habe nicht nur die Eltern, sondern auch die Großeltern im Haus und diese würden sich allesamt rührend um den Nachwuchs kümmern, denn ich könne mir ja gar nicht vorstellen, was für ein Stress das mit Kleinkindern sei.

»Ähm, ich habe auch …«

Der junge Mann ist nicht zu bremsen.

Die ganzen Leute, die sich über den Kapitalismus echauffierten, seien doch nur verzogene Fratzen, die von Schwaben nach Berlin gezogen seien und keine Ahnung davon hätten, was es heiße, eine Familie zu ernähren. Schön und gut, dass solche Leute für ein Ideal kämpften, aber die Konsumkritiker sollten sich doch bitte auch mal ansehen, was es heiße, auf dem Boden der Tatsachen einer Gesellschaft zu stehen, und nicht davon träumen, wie anders alles werden könnte. Ohne die funktionierende Wirtschaft des Kapitalismus hätten die doch gar nicht die Freiheit, sich so Zeug auszudenken, sollten sie halt nach Nordkorea gehen.

Ich weiß gar nicht, wie mir geschieht und wie ich den jungen Mann wieder ausbremsen kann, ich wollte doch nur Bescheid geben, dass im Ort wieder Drückerkolonnen unterwegs sind und vielleicht auf Senioren treffen, die nicht mehr gewarnt werden können. Weder über Kleinkinder, Kapitalismus noch über Berlin wollte ich sprechen.

»Aber wissen Sie«, unterbricht sich der Polizist nun selbst, »dann sollen die halt machen, was sie wollen, ich mache das, was ich will – privat natürlich, versteht sich!«

Was meint er? Nein, ich werde nicht fragen, sonst hänge ich vermutlich noch bis morgen am Telefon. Außerdem … ja, genau, er erklärt es mir natürlich auch ohne Aufforderung!

Er höchstpersönlich schaue oft nach Feierabend noch bei den älteren Herrschaften, die keine Angehörigen haben, vorbei, um sie vor solchen miesen Machenschaften und halb legalen Betrügern zu warnen. Er komme in Uniform, und das würde Eindruck machen – und er habe schon einige Ersparnisse der Alten gerettet. Das sollten doch mal diese ganzen Kapitalismuskritiker in den Großstädten wie Berlin machen, den alten Leuten helfen!

Und noch einmal ereifert er sich über eine Szene, von der ihm vermutlich auch Kollegen viel berichtet haben. Ich höre dem Redeschwall auch nicht mehr richtig zu, ich weiß auch gar nicht,

54

auf was er eigentlich hinauswill. Aber eins verstehe ich: Egal, wo der Kerl nun gesellschaftspolitisch steht, mit dem ist auch nicht gut Kirschen essen, wenn jemand Schwächeren und Alten an die Wäsche will. Und wenn ein junger Mann mit zwei Kindern nach Feierabend noch Senioren hilft, sie besucht, um als Uniformierter zu warnen, hat er bei mir ganz, ganz viel gut.

DIE K-FRAGE

Als meine Mutter ins Krankenhaus kam und der Schlaganfall meinen Vater ausknockte, gab es eine endlose To-do-Liste, bei der ich lernte, was Prioritäten sind. Ein Gespräch mit einem Chefarzt geht nun mal einem Anruf bei einer Bekannten, die einen Artikel über die Münchner Hundesteuer schreiben will und deshalb auch Leute befragen möchte, die selbst keinen Vierbeiner besitzen, deutlich vor. Unterlagen für ein Bankkonto zu finden, um den Strom im Haus bezahlen zu können, ist auch durchaus wichtiger, als die Mandevilla noch einmal auszuzupfen oder sich mit dem Mann ums Müllwegbringen in der eigenen Wohnung zu streiten. Von heute auf morgen eine Pflege für zwei Senioren im eigenen Heim zu organisieren ist eine Aufgabe, die jeden Manager einer großen Firma erblassen ließe. Kurzum: Wer denkt, also welche Frau denkt, »Kinder, Küche, Kerl« sei ein Spagat, hat den stressigsten Faktor nicht bedacht: »Kümmern«. Kümmern um die älter werdenden Eltern in allen möglichen Ausprägungen. Frauen heute bewegen sich nicht mehr nur im Dreieck, sondern im Quadrat der vier »Ks«.

Auf Kerle sind wir seit der Pubertät eingestellt und haben gelernt, ihnen zu begegnen, sie zu lieben, sie zu verwünschen, mit ihnen zu leben, uns zu trennen, sie zu verstehen, uns zu verstehen, um schließlich zu verstehen, dass wir eigentlich gar nichts verstehen.

Küche haben wir schon länger abgehakt. Ein Mann, der nicht auch mal kocht und nur das Haushaltsfaultier gibt, fliegt so schnell, wie er gar nicht Macho sein kann, aus allen Beziehungen in meinem Bekanntenkreis.

Kinder sind immer noch eine Herausforderung, bis wir verstanden haben, dass sich das Leben mit ihnen radikal ändert – und zwar nicht nur grundsätzlich, sondern jeden Tag erneut. Erst rauben sie uns den Schlaf durch ihr Schreien – dann rauben sie uns den Schlaf, weil wir nachts nichts mehr von ihnen hören, da sie von Feiern verschluckt sind. Dazwischen liegt die ganze Bandbreite der Gefühle, von »Wann werden die endlich größer?« bis hin zu: »Wieso müssen die jetzt schon ausziehen, jetzt, wo sie sich nach der Pubertät gerade wieder beruhigt haben?«

Vielleicht beziehungsweise sehr wahrscheinlich sind andere klüger als ich. Denn ich hatte mein ganzes Leben immer nur die ersten drei »Ks« im Kopf, aber nie das vierte. Ich habe einfach nie daran gedacht, was es wirklich bedeuten würde, wenn die Eltern alt werden. Ich habe das Ausmaß, das Kümmern, das vierte »K« unterschätzt.

Kikki (ha, schon wieder ein »K«!), meine beste Freundin, ist Psychologin und wies mich darauf hin, dass zahlreiche Studien belegen, wie Frauen heute »kalt erwischt« werden durch die Pflegesituation. Kikki meint, man müsse sich nur die Anzahl der Bücher ansehen – es gebe x Ratgeber zum Thema »Jedes Kind kann schlafen lernen«. Es gebe Kochbücher ohne Ende. Und selbstverständlich sei die Ratgeberliteratur zu Beziehungen gar nicht mehr zu überblicken. Bücher sagten nicht alles aus, aber sie seien ein Zeichen dafür, was die Gesellschaft gerade diskutiere, was in aller Munde sei, was auch in die Politik vordringe. »Aber«, so führt Kikki aus, »Bücher, die dir helfen, dich nicht so allein zu fühlen in der ganzen Belastungssituation mit pflegebedürftigen Eltern, und noch dazu aufmuntern, gibt es wirklich überschaubar wenige.«

»Die pflegenden Angehörigen haben aber auch keine Zeit zum Lesen!«, wende ich ein.

»Aber berufstätige Mütter mit kleinen Kindern haben diese Zeit schon?«, erwidert Kikki.

Sie hat recht. Ja, das widerlegt meinen Einwand natürlich.

»Siehste«, meint Kikki.

»Aber Kikki, du, ich hab jetzt echt keine Zeit mehr zum Reden, auch wenn das eigentlich ein interessantes Gespräch ist. Doch ich muss zurück zu meinem Papa, das Bein ist schon wieder offen, und er braucht einen speziellen Verband. Außerdem geht das Telefon nicht, da wurde bestimmt wieder irgendeine Taste gedrückt, sodass es nicht mehr klingelt und also keiner drangehen kann. Ich muss zu ihnen hinfahren und mir das ansehen, denn was, wenn dieser wichtigste Kommunikationskanal mit ihnen ausfällt?«

»Siehste«, erklärt Kikki erneut, »also bist du in der Kümmerfalle und kannst nicht mal mehr für ein Gespräch mit einer Freundin eine Auszeit von der Pflege nehmen!« Sie sieht mich ernst an und fügt hinzu: »Und dir ist hoffentlich schon klar, dass es mir jetzt nicht um mich und unseren schönen Nachmittag geht, sondern dass ich mir Sorgen um dich mache. Du reibst dich gerade auf. Noch ein paar Monate mehr so und du steuerst auf einen Burn-out vom Feinsten zu!«

»Aber was soll ich denn …«, will ich einwenden und unterbreche mich selbst.

»Aber was soll ich denn sonst tun?« war der Standardspruch unserer Großmütter, wenn sie Kinder, Küche, Kerl nicht entfliehen konnten – und die Karriere vergaßen. So wie ich übrigens auch, der mir dieses so wichtige »K« gar nicht mehr in den Kopf gekommen war vor lauter anderen »Ks«. Das »Kümmern« um die Eltern hatte die »Karriere« in letzter Zeit schlicht verdrängt.

Aber hier ist es nun wieder: Ich schreibe ein Buch über das Kümmern und kümmere mich also nun auch wieder um meine Arbeit, also Karriere!

Wir im vergangenen Jahrhundert geborenen starken Frauen können nicht nur die große K-Frage (also Kanzlerin werden), sondern beherrschen zunehmend auch die anderen Ks, wenn wir das »Kümmern« nicht nur auf andere, sondern auch auf uns selbst beziehen. Und dadurch lösen sich manchmal Probleme sogar von alleine – abends ruft Mama an, ich solle mir keine Sorgen machen, falls ich schon versucht hätte, sie telefonisch zu erreichen. Das Telefon funktioniere gut, aber nach der wunderbaren Erfahrung des nicht mehr Erreichbarseins für Tante Anni beim Weißeln leiste sie es sich jetzt, das Klingeln auch mal zu ignorieren. Speziell für mich aber schlägt sie ein Klingelzeichen vor (zwei Mal läuten lassen, dann noch mal anrufen), damit sie jederzeit für mich da sein kann.

WAS DU HEUTE KANNST BESORGEN, DAS VERSCHIEB AUCH MAL AUF MORGEN

Studenten, Langzeitprojektarbeiter im Homeoffice und Künstler kennen das Problem besonders gut und bezeichnen es gern mit einem Wort, das nicht jeder gleich entschlüsseln kann, weshalb es wissenschaftlich beschönigend klingt: prokrastinieren. Der Begriff der Prokrastination stammt ursprünglich aus dem Lateinischen und bedeutet so viel wie *vertagen* oder auch *auf morgen verschieben,* was bereits sehr genau auf den Punkt bringt, worum es beim Prokrastinieren geht. Vulgo – um im Lateinischen zu bleiben – heißt das alles nichts anderes als: Aufschieberitis.

Nun habe ich zwar all das aufzubieten, was zum Prokrastinieren prädestiniert – ich war Studentin, arbeite im Homeoffice an Langzeitprojekten und bin auch noch Schriftstellerin, also in der künstlerischen Sparte unterwegs. Trotzdem war ich bisher wenig anfällig für die Aufschieberitis. Das kann einerseits an meinem Charakter liegen, aber auch schlichtweg daran, dass ich zwei Kinder aufgezogen habe und mit Kids so eine Aufschieberitis weniger gut funktioniert. Akute Bauchschmerzen mit Blinddarmverdacht lassen sich nicht auf eine To-do-Liste für den nächsten Tag setzen; ein verlorener zentraler Legostein eines Star-Wars-Raumschiffs kann nicht erst Stunden später gesucht werden, weil sonst unsere Wohnung unter Tränenwasser des Jungen gesetzt würde; die sofortige Beratung (und vor allem Bezuschussung) bei einem Kleiderkauf der Tochter kann nie und niemals bis morgen warten, weil ich sonst die einzige und für immer gültige größte Liebe ihres Lebens verhindern würde, denn ohne die entsprechenden Klamotten wäre jedes Date von vornherein komplett sinnlos.

Ich bin es gewohnt, wie wohl die meisten im Leben stehenden Frauen unserer Generation, überwiegend schnell zu handeln, aber mir bisweilen auch den Luxus der kurzfristigen Belohnung der Aufschieberitis zu leisten. »Kurzfristige Belohnung« schreibe ich deshalb, weil ich der Sache auf den Grund gehen wollte und recherchiert habe, wieso wir überhaupt Dinge vor uns herschieben, von denen wir wissen, dass wir sie so oder so zu erledigen haben. Früher oder später. Sie stehen an. Aber warum dann später? Warum machen wir es nicht sofort und freuen uns dann darüber, nach dem Eisenhower-Prinzip das Wichtigste zuerst erledigt zu haben und uns hinterher entspannt anderen Dingen zuwenden zu können?

Experten sagen dazu: Die kurzfristige Belohnung, den Kühlschrank geputzt, eine E-Mail beantwortet oder der Nachbarin endlich das Marmeladenglas vorbeigebracht zu haben, sei einfach ein schnellerer Kick für unsere Psyche als das Abarbeiten unattraktiver Aufgaben wie der Steuererklärung. Der »Instant-Erfolgsmoment« steht der langfristigen Kärrner-Disziplin sozusagen diametral entgegen. Also meiner Laiensicht nach entspricht das exakt meinem Schokoladen- und Chips-Konsumverhalten abends nach 22 Uhr: Ich weiß zwar ganz genau, was das langfristig für meine Figur bedeutet, aber kurzfristig ist der Kick des Genusses einfach so, so, so viel höher … weshalb ich mir jetzt auch alle weiteren Ausführungen zur Disziplin spare, weil eh jede Frau weiß, wovon ich spreche, wenn ich ganz objektiv feststelle, dass so ein Vorrats- oder Kühlschrank (Mettwurstgelüste vergaß ich eben noch zu erwähnen) einfach Hexenwerk ist, jenseits unserer Vernunft. Da sind überirdische, verschwörerische und satanische Kräfte nach dem Müsli-Frühstück, dem veganen Gemüse-Mittagessen und dem Salat-Abendessen am Werk. Kräfte, die jede noch so emanzipierte und starke Frau »übermannen«! Es heißt ja nicht umsonst *der* Vorratsschrank und *der* Kühlschrank – der Teufel ist männlich! Auch wenn alte Meister die »Verführung« immer als Weib zeigten.

Mit diesen Zeilen bin ich jetzt aber abgeschweift und habe – ja – prokrastiniert, um mich um das eigentliche Thema zu drücken. Denn auf was ich eigentlich hinauswollte: Nie in meinem Leben habe ich so viel aufgeschoben, mich um Handlungen gedrückt und zu lange gezögert, etwas in die Wege zu leiten, als während des schleichenden Prozesses, in dem die Eltern immer gebrechlicher und schwächer wurden.

Im Nachhinein gesehen verstehe ich mich selbst nicht mehr – oder doch? Eigentlich war längst absehbar, dass es Mama und Papa alleine im Haus nicht mehr schaffen. Dass sie überfordert sind mit Arztbesuchen, dass Mama nicht mehr den Garten pflegen und Papa nicht mehr weit Auto fahren darf. Dass sogar die so organisatorisch fitte Mama es nicht mehr auf die Reihe brachte, einen Handwerker zu bestellen. Dass selbst der körperlich einst so starke Papa das Holz nicht mehr spalten konnte. Dass sich die Gefriertruhe und ganze Räume fast bis zur Messie-Situation füllten. Dass Unsummen in die Reparatur eines Wagens flossen, weil die Neuanschaffung eines Autos offenbar zu viel Umstellung gekostet hätte. Dass plötzlich ein Streitpunkt zwischen den Eltern die Frage war, wer den Eingang fegt, eine Glühbirne einschraubt oder den Nachbarn anruft – weil sich beide immer öfter mit dem Alltag überfordert fühlten.

Ich konnte oder wollte das nicht sehen. Und auch die beiden konnten oder wollten das nicht sehen. Bis sich die Situation bei uns dramatisch zuspitzte, wollte sich keine und keiner eingestehen, dass es so eigentlich nicht mehr weitergehen kann.

Und selbst als sich bei uns die schlimmen Ereignisse über-
schlugen, waren wir noch lange nicht so weit, dies im ganzen
Ausmaß zu durchblicken und uns einzugestehen, dass wir Hilfe
brauchten. Wir alle. Mama, Papa und ich. Aber auch mein Mann,
meine Kinder, Cousins und Freunde. Niemand stand mahnend
mit einem Stoppschild auf der Straße vor uns und rief: »So geht
das doch nicht mehr weiter!« Kein Gott und kein Mensch gab
den Hinweis: »He, die Eltern sind doch längst mehr als pflegebe-
dürftig, leite doch mal was ein!«

Das ist natürlich kein Vorwurf, weder an Freunde, Verwandte
oder Gott & die Welt. Ich stelle nur fest, dass wir einfach alles
laufen ließen, und frage mich eben im Nachhinein, warum. Obwohl ich mich doch sonst eher für veränderungsbereit, flexibel
und handlungskompetent halte.

Und selbst als beide Elternteile auf Intensivstationen lagen und
die wirklich netten Beraterinnen der Sozialstation darauf
hinwiesen, dass es doch, ähm, vielleicht angebracht sei, alles für
eine Pflegestufe einzuleiten, zögerte ich noch. Über Tage und
Wochen informierte ich mich zwar im Netz darüber, was Pflege
eigentlich bedeutet. Ich bestellte bei der Stiftung Warentest einen
Überblick über »Pflege zu Hause«, ich telefonierte mit Bekannten, deren Eltern ja »eindeutig« Pflegefälle waren. Ich sprach
selbstverständlich auch mit meinen Eltern darüber, die versi-
cherten, das ginge schon noch alles, aber wenn ich meine, solle
ich mir halt mal einen Antrag geben lassen – für später.

Vor mir lagen dann also auf meinem Schreibtisch, wenn ich
nicht gerade im Krankenhaus oder im Haus meiner Eltern weil-
te, zwei Pflegeanträge an zwei verschiedene Kassen. Gesetz-
liche und private Krankenversicherung. Anträge mit Fragen zu
einer Hilfsbedürftigkeit, die mir – gelinde gesagt – entschieden gegen den Strich gingen und mich im tiefsten Inneren
erschütterten, denn ein »Gutachter« würde kommen und die

Pflegebedürftigkeit prüfen. Ein unbekannter Mensch sollte da also eine Art »Alters-TÜV« bei meinen Eltern durchführen?!

Der Tipp von Freunden: Du musst übertreiben mit dem, wie schlecht es ihnen geht. Es kommt darauf an, das Pflegegeld zu kriegen!

Der Rat meiner Tante: Liefere sie doch nicht den Behörden aus, das schafft ihr doch noch gut alleine!

Die Bemerkung der Nachbarin: Das ganze Zeug braucht es doch nicht.

Ich war nachhaltig verunsichert.

Mehr noch: Meine Eltern waren es auch. Was sollte das nun heißen, ein »Pflegefall« zu werden? Dass Fremde ins Haus kommen? Dass Papa der Führerschein genommen wird? Dass Mama die Back-Kompetenz abgestritten wird? Dass »plötzlich« das Leben nicht mehr so weitergeht wie bisher? Dass ich nicht mehr mit einem »Ich bin's!« freudig ins Haus laufe und mit den Kindern das Wohnzimmer besetze? Dass … ja … dass … sich mein Elternhaus plötzlich von einem Ort der Geborgenheit in einen Ort des Kümmerns verwandelt und nie wieder so sein wird wie zuvor?

Dass ich ab sofort nie mehr unbeschwertes Kind sein kann, sondern im Gegenteil »plötzlich« nicht nur für *mich* verantwortlich sein muss, sondern dazu auch noch für Mama und Papa? Dass ich mich bei Schwierigkeiten nicht mehr einfach davonstehlen kann, so wie früher, als ich abends heimlich durch das Kellerfenster einfach in die Disco abhaute.

Nichts in meinem Leben hatte ich bisher so lange aufgeschoben, wie diese Anträge zur Gänze auszufüllen. Und selbst als ich es dann erledigt hatte und Mama und Papa unterschrieben hatten, dauerte es noch Tage, bis ich es schaffte, die Papiere in Umschläge zu stecken und zur Post zu bringen. Obwohl die richtigen Freunde doch dazu rieten, das lieber früher als später zu tun, es ginge dabei ja schließlich um Geld, das uns zustehen würde!

Wie so viele, viel zu viele, das weiß ich jetzt im Nachhinein, haben wir zu lange gezögert, zu viele Skrupel gehabt – weil wir uns die Hilfsbedürftigkeit allesamt nicht haben eingestehen können.

Im Nachhinein gesehen ist frau immer klüger. Im Nachhinein gesehen kann ich aber auch nur sagen: Das ist der schwerste Schritt, diese Schwäche überhaupt zugeben zu können. Vor den Eltern und vor sich selbst. Das ist der psychische Knackpunkt. Ist das erst einmal geschafft, lässt sich alles andere locker in die Wege leiten und verführt nicht mehr zum Prokrastinieren.

Ganz erstaunlicherweise sehen das die offiziellen Stellen wohl ebenso, denn je nach Kranken-/Pflegeversicherung, ob privat oder gesetzlich versichert, erstatten sie sogar rückwirkend Pflegegeld auch für die Zeit, die zwischen der Ausgabe des Antrags der Sozialstation und der tatsächlichen Antragstellung lag. Man höre und staune. Wenn ich das richtig wiedergebe, heißt das: »Der Zeitpunkt der Antragstellung ist entscheidend.« Und der ist dann wiederum nicht der, wann Sie etwas eingereicht haben, sondern wann dieses von der Krankenkasse angefordert wurde. (Aber Achtung, das ist je nach Versicherung verschieden und hängt auch davon ab, ob über eine Sozialstation oder persönlich beantragt wird!) Aber immerhin gilt: »Versicherte erhalten das Pflegegeld ab dem Tag, an dem sie ihren Antrag auf Pflegegeld gestellt haben. Ein voller Kalendermonat wird bei der Berechnung des Pflegegeldes laut Pflegeversicherung mit dreißig Tagen angesetzt. Die Anspruchstage seit Antragstellung im Vormonat ergeben sich entsprechend anteilig auf dieser Grundlage.«

Bei Genehmigung wird mit der ersten Überweisung rückwirkend von den Pflegekassen ab dem Tag der Antragstellung im Vormonat nachgezahlt. Schließlich dauert es einige Zeit, bis der Antragsteller auf Pflegeleistungen von Experten begutachtet ist und die Pflegekasse auf dieser Grundlage über den Antrag entschieden hat.

In unserem Fall fragte ich mich: Sollten tatsächlich Krankenkassen und Behörden Verständnis für die menschliche Psyche haben? Bis frau sich samt Eltern eingestehen kann, dass es so nicht mehr weitergehen kann? Gibt es deshalb eine rückwirkende Frist mit der Erlaubnis zum Prokrastinieren?

Juristen in meinem Freundeskreis bezweifeln das natürlich. Ich sei viel zu naiv, das habe sicher andere Gründe, die sie mir aber auch nicht nennen konnten.

(Und BTW: Die Juristen unter meinen Freunden sind diejenigen, die am schlimmsten prokrastinieren. Die arbeiten nur unter Druck und auf Termine hin. Wer kennt keinen Juristen oder eine Juristin, die sagen: »Ich hab morgen eine Frist«? Eben!)

Vorausgesetzt, Papa oder Mama haben die richtige Krankenkasse, gibt es sie also doch noch, die »gute alte Zeit« und die Möglichkeit, den Eltern mit ihren Ratschlägen zu widersprechen: »Was du heute kannst besorgen ... das verschieb auch mal auf morgen!«

TISCHDECKEN
& KRANKENBETTEN

Mit Krankenhäusern verbinden wir vieles: Operationen, nette Schwestern, muffige Pfleger, selten freundliche Ärzte, Infusionen auf Rollwägelchen, meist schlechtes Essen, frühes Wecken, überhöhte Telefon- oder Fernsehgebühren, Vasensuche auf Stationen, Einheitskittel, die hinten offen sind, stets mangelnder Platz auf dem Nachtkästchen, bisweilen nette Sitzecken, lange, oft gleich aussehende Flure mit Orientierungsverlustgarantie, Automatenkaffee mit »Abspülwasser«-Qualität oder auch feinen Kräutertee sogar für Besucher. An Krankenzimmer und die Häuser erinnern wir uns oft gut, weil wir dort fast immer in einem emotionalen Ausnahmezustand sind. Entweder haben wir Schmerzen oder sorgen uns um die eigene Gesundheit oder die der Angehörigen oder befürchten hier sogar das Schlimmste – oder wir erleben dort das oft freudigste Ereignis im Leben: die Geburt eines Kindes. Wenn es um Leben und Tod geht, belegen Kliniken unangefochten Platz eins der Drama-Spielstätten – kein noch so gutes Theater kann ihnen da den Rang ablaufen.

So ein Krankenhaus birgt aber auch noch viel mehr dramatische Potenziale in sich, die oft übersehen werden: die ganz Palette mitmenschlicher Begegnungen. Wer hatte nicht schon einmal eine unausstehlich blöde Kuh als Zimmernachbarin oder so eine reizende Mitpatientin, dass man heute noch Kontakt hält? Dorothee, meine älteste Freundin, verdankt sogar ihren Job einer kleinen Krampfadern-OP. Ihre Bettnachbarin auf dem Zimmer hatte gerade eine Agentur neu gegründet und suchte eine Kraft mit kaufmännischer und kreativer Ausbildung, nicht zu jung und nicht zu alt, also mit genau der richtigen Portion Erfahrung. So ging Dorothee damals als unglückliche Angestellte der Personalabteilung eines Versicherungskonzerns in die Klinik hinein und kam als Seiteneinsteigerin mit einem Arbeitsvertrag für einen kreativen Akquise-Job in der Werbung (samt zwanzig Prozent mehr Gehalt) und Freude auf die neue Tätigkeit bei so einer netten Chefin wieder heraus. Aber das nur am Rande.

Eine zusätzliche, verfeinerte, mir bisher unbekannte Variante der Krankenhausdramatik allererster Sahne ergibt sich bei älteren Herrschaften oder vielmehr meist »Damenschaften« mit vielen Sozialkontakten, wie sie meine Mutter immer pflegte. Nun war ich ja immer froh und dankbar, dass meine Mutter nicht zur Sorte Senioren zählt, die vereinsamt mit ihrem Wellensittich den Tagesplan bespricht oder die sich nach Sonnenuntergang einschaltende Solarlichter aus dem Nachbargarten für den Höhepunkt des Tages- oder gar Jahresablaufs hält. Im Gegensatz zu meinem Vater pflegte meine Mutter zahlreiche Beziehungen zu den Verwandten, Freunden und Nachbarn. Vor jedem ihrer Geburtstage stöhnte ich innerlich auf, denn schon Wochen vorher lag sie mir damit in den Ohren, welchen Kuchen wer wann backen sollte. Fragen wie »Meinst du, die Loni macht nicht bessere Schokoschnitten als die Inge? Und passt dazu besser das Service mit den grünen Blättern oder das mit Goldrand?« überfielen mich immer wieder völlig unvorbereitet – bei runden Geburtstagen bis zu einem Jahr vor dem Ereignis –, obwohl ich ja eigentlich hätte ahnen können, dass sie bei der Aufregung vor solchen Events so sicher wie das Amen in der Kirche kommen würden. Und obwohl meine Mutter eigentlich hätte wissen müssen, dass ich mit meinem minimalistischen Haushaltsstyle die denkbar schlechteste Ansprechpartnerin für solche Fragen bin. In unserer Wohnung fristet genau eine und nur eine Tischdecke seit Jahren ein einsames Dasein. Wir besitzen kein »gutes Service«, sondern nur eins ganz in Weiß, das wir jeden Tag nutzen, und dazu noch eine Mini-Serie irgendwelcher bunter Teile, die mein Mann irgendwann einmal strahlend vom Flohmarkt heimgebracht hat und die ich von Anfang an scheußlich fand, mich aber nie traute, ihm die Wahrheit über seine stolze Beute zu gestehen, weshalb ich die Stücke in den hintersten Winkel des Küchenschranks geräumt habe, sodass die bunten Teile absolut unbequem zu erreichen sind, also praktisch gar nicht.

Vor Geburtstagsfeiern bin ich zwar immer ein wenig nervös (ich weiß gar nicht, warum), aber sicherlich nicht wegen irgendwelcher Gedanken zu der Ausstattung der Kaffeetafel oder der Qualität eines Couscous-Salates, den Leute zu verantworten haben, die ihn mitgebracht haben, aber doch nicht ich. Meine Nervosität, wenn ich es mir recht überlege, rührt wohl eher daher, dass ich hoffe, dass das Fest gelingt, es also eine gute Stimmung gibt, die Leute sich amüsieren und alles zusammenpasst.

Wenn dann jedenfalls die Fragen meiner Mutter auftauchten, ob sie nun die Tischdecke von Tante Inge auflegen soll oder die von Erna, die sie neulich geerbt hatte, weil die Kinder von der Erna Tischwäsche einfach nicht wertschätzen und sie fast weggeworfen hätten, griff ich bisweilen zu einem wirklich fiesen Mittel – ich fragte nach, ob die Tischdecken denn eigentlich das richtige Maß für den Esstisch hätten oder sie sie sich nicht einfach unbesehen unter den Nagel gerissen habe, nur um sie nicht »verkommen« zu lassen. Sie müssen dazu vielleicht noch wissen, dass der Esstisch in meinem Elternhaus rund mit etwa zwei Metern Durchmesser ist, ein Erbstück, dessen Herkunft keiner mehr kennt, und dass auf dieses Möbel nur höchst selten eckige Tischwäsche passt.

Bingo! Schweigen. Grummeln. Nach einer kürzeren oder längeren Schockstarre ob meiner so dreisten Infragestellung ihrer existenziellen Werte wie »Gute Tischwäsche kann man nicht genug haben« immer ein »Aber das verstehst du nicht!«, dicht gefolgt von dem Gegenangriff: »Du redest doch bloß gescheit daher, du nimmst ja gar keine Tischdecken her, in deiner kahlen Wohnung fehlt jede Gemütlichkeit!« Bingo. Ja. Leider. Auch. Das saß bei mir immer, denn beim nächsten Besuch in unserer Wohnung erinnerte ich mich an ihre Worte und suchte stundenlang vor dessen Ankunft passende Papierservietten und später sogar Tischsets aus Textil, um die Gäste nicht mit so einer kalten Ungemütlichkeit in unserem Zuhause zu verschrecken. Nachdem die Gäste (die bis weit nach Mitternacht blieben – lag es an der netten Unterhaltung, dem guten Essen oder den Tischtextilien?) sich wieder verabschiedet hatten, verfluchte ich natürlich die verinnerlichte Stimme meiner Mutter. Die von dem Gelage bekleckerten Tischsets landeten im Wäschekorb, wobei die Waschmaschine ihren Job brav alleine erledigen würde – aber eine automatische Bügelmaschine ist leider noch nicht erfunden worden, also zumindest keine, die man direkt über der Waschmaschine aufstellt wie einen Trockner und die alle Teile wie Blusen, Hosen oder eben Tischwäsche fertig gebügelt wieder ausspuckt.

Aber ich schweife ab, ich wollte ja nicht über Sinn oder Unsinn von Tischwäsche schreiben, sondern über die subtile Dramatik von Krankenhäusern. Und bevor jetzt die Einwände der geneigten Leserin kommen: »Hat die denn keine anderen Probleme, als ans Bügeln zu denken? Wir haben hier ein Pflegeproblem, einen Gendergap und sind am Ende des Lebens als Frauen rententechnisch gef****, weil wir zu viel Lebenszeit mit Bügeln verbracht haben, statt politisch zu kämpfen.« Ich stimme dem vollumfänglich und in vorauseilendem Gehorsam zu! Ihr habt alle recht! Es gibt viele entscheidende Baustellen, was unsere Emanzipation betrifft – aber Tischdeko zählt nun definitiv *nicht* dazu.

Wer diese Aussage lieber in der intellektuellen Variante mag, hier ist sie: Reproduktive Arbeit hält uns Frauen im patriarchalen System gefangen.

Wieder rückwärts übersetzt heißt das nichts anderes, als dass wir Frauen uns nicht um den Gebrauch von Heimtextilien kümmern, sondern lieber für angemessene Tarife auf der Straße demonstrieren sollten. Denn statt uns für unsere *eigenen* Rechte einzusetzen, versuchen wir, es *anderen* recht zu machen.

In grauer Vorzeit, so erinnere ich mich gerade, habe ich genau darüber einmal mit meiner Mutter gestritten. Als es mal wieder um Kerzenständer, Zinnbecher oder so ein Zeug ging, konfrontierte ich sie mit der politischen Realität der Frauen hierzulande. Ich kann mich nicht mehr genau daran erinnern, wie die Auseinandersetzung endete, aber ich gehe einfach mal nach den Gesetzen der Erfahrung davon aus, dass wir uns damals wie so oft beleidigt ohne Einigung getrennt haben, sich jede wieder in ihr Leben zurückzog.

Irgendwann im Laufe der Zeit verloren sich politische Diskussionen zwischen meinen Eltern und mir dann wie der Sand, den man aus dem Urlaub vom Strand mit heimbringt und der anfangs zum eigenen Ärger überall in der ganzen Wohnung verstreut liegt – und dann plötzlich verschwunden ist. Irgendwann hatten wir sogar einmal nach einem Streit explizit beschlossen, Politik einfach auszuklammern, weil wir da einfach nicht zusammenkommen würden. »We agreed to disagree«, wie wir heute in den sozialen Medien sagen würden.

Und schon wieder schweife ich ab, also jetzt wirklich zurück zum Thema: Da liegt meine Mutter mit ihren vielen sozialen Kontakten im Krankenhaus. Leute rufen an und besuchen sie. Wie schön! Wie gut, dass nicht nur ein Wellensittich ihr Ansprechpartner ist, sondern so viele Freunde, Nachbarn und Verwandte sich auch um sie kümmern, ihr Blumen bringen und eine Stunde schenken. Ich weiß sie nicht alleine, egal welche Art von Bettnachbarin sie gerade im Zimmer hat. Bei aller Krankheit – ich bin beruhigt, dass andere Menschen bei ihr sind und mit ihr hoffentlich schöne Stunden verbringen.

Bis meine Mutter eines Tages morgens um fünf Uhr bei mir anruft, weinend, kaum zu einem Wort fähig – sie wisse nicht mehr weiter. Ich befürchte das Schlimmste nach der ganzen medizinischen Vorgeschichte. Was ist passiert? Hat die histologische Untersuchung doch ein Karzinom ergeben? Nein. Mama schluchzt aber so sehr, dass sie nicht sprechen kann.

Mehrere Nachfragen meinerseits und gefühlt 2087 Stunden später höre ich: Der Dr. Bach wolle sie heute besuchen. Und die Inge.

»Aber das ist doch schön, Mama! Was ist das Problem?«

»Genau das!«

Hä? Was verstehe ich da nicht? Was gibt es da zu weinen, wenn Besuch kommt? Ist das eine Übersprunghandlung meiner Mutter?

»Mama, um was geht es wirklich?«, frage ich extrem besorgt.

»Ach, du verstehst einfach gar nichts!«, erwidert Mama und heult wieder auf.

»Dann erklär es mir«, erwidere ich schließlich einigermaßen ungehalten nach einem Blick auf den Wecker – der mir nicht viel Zeit lässt, noch einmal eine Runde zu schlafen. In einer Stunde muss ich aufstehen. Aber spielt das eine Rolle, wenn bei der Mutter vielleicht das Schlimmste ansteht? Andererseits fühle ich doch an Mamas Stimmlage, dass die Bedrohungslage zwar ziemlich schlimm ist, aber nicht auf Tiefrot stehen kann.

»Der Dr. Bach und die Tante Inge, die dürfen nicht zusammentreffen. Das geht nicht!«, erklärt Mama schließlich.

Aha. Ihr Anruf zur Unzeit muss also doch damit zusammenhängen.

»Und warum nicht?«

»Weil der Dr. Bach Bürgermeister werden will!«

Warum um Himmels willen darf man nicht mit einem Menschen zusammentreffen, der Bürgermeister werden will? »Ist der ein Nazi oder bei der SED?«, frage ich provokativ. »Und was hat das mit dir und deiner Krankheit zu tun?«

»Ach, du verstehst einfach nichts!«

»Wenn du mir das nicht endlich erklärst …«

»Hast du denn gar kein Feingefühl? Das ist ja wie bei dir in der Wohnung, da ist es auch so kalt und herzlos, weil du nicht mal Tischwäsche auflegst.«

Wenn es mir möglich wäre, würde ich sofort einen Filter im Telefon erfinden, der dazu in der Lage ist, relevante und irrelevante Informationen zu sortieren. Ein Filter, der auf jedes »Das verstehst du nicht« mit einer ruhigen und sanften Stimme wie der von Siri erklärt: »Dann führe das doch bitte aus, was du meinst.« Ein Filter, der mir verbietet, die Urheber solcher Sätze in ein schönes Nirwana zu wünschen.

Ich schweige. Ich halte meine Emotionen unter Kontrolle, ich halte meine Emotionen unter Kontrolle, ich halte meine Emotionen unter Kontrolle … also gerade noch … mühsam.

»Sag endlich, um was es eigentlich geht! Kannst du das nicht auf den Punkt bringen? Gibt es neue Diagnosen?«, bricht es irgendwann aus mir heraus.

»Der Toni, also der Dr. Bach, ist doch bei der CSU, und die Inge ist eine alte SPDlerin«, erklärt Mama endlich, während die Zeiger meines Weckers weiter unaufhaltsam fortschreiten und ich innerlich ausrechne, mit wie viel weiterem Schlafmangel ich den Tag ohne bleibende psychische Schäden überstehen kann.

»Ja und?«, erwidere ich patzig. »Wir leben in einer Demokratie. Es müssen nicht immer alle deiner politischen Meinung sein!«, setze ich spitz hinzu.

»Darum geht's doch gar nicht! Die waren bei meinem dreißigsten Geburtstag da, da warst du noch zu klein, um das zu verstehen. Das kannst du dir nicht vorstellen, wie schlimm das war. Die hätten sich fast den Käsekuchen ins Gesicht geworfen.«

»Ja und? Ist das *dein* Problem auf der Krebsstation?«

»Ja!«, heult die Mama auf. »Ich steh doch mit beiden gut! Und die Kinder sind auch immer bei uns. Vom Dr. Bach und der Inge. Und wir grillen auf der Terrasse, mit dem Dr. Bach und den Seinen und der Tante Inge.«

»Aber getrennt voneinander?« Ich glaube allmählich zu verstehen.

»Natürlich! Selbstverständlich! Hast du denn das nie bemerkt? Die dürfen doch nie, nie, nie wieder aufeinandertreffen!«

Jetzt verstehe ich allmählich – Mama hat es über Jahrzehnte geschafft, mit beiden getrennt voneinander die Freundschaft zu pflegen. So musste sie nicht pro oder contra oder gar politisch Stellung beziehen. Und jetzt droht ihr im Krankenhaus ein Zusammenprall der bisher fein säuberlich getrennten Welten. Eine mögliche schlimme Krebsdiagnose beschäftigt sie weniger als dieser soziale Super-GAU. Ach, Mama!

Nein, ich werde ihr keinen arroganten Tochter-Grundkurs in Demokratie geben oder gar erklären, dass verschiedene politische Standpunkte doch super sind, weil wir oft erst in Diskussionen die Argumente finden, die uns wichtig sind. Ich werde auch nicht ausführen, dass wir uns auf einem falschen Schlachtfeld der weiblichen Emanzipation bewegen, wenn Frauen nicht selbstbewusst zu ihrer eigenen politischen Meinung stehen. Und ich werde nicht begründen, warum es das Problem der anderen ist und nicht ihres, wenn Gegner sich gegenseitig zerfleischen und nicht anständig austauschen können.

Ich erinnere meine Mutter nur an die Worte ihrer Mutter, also meiner Großmutter, die immer sagte: »Wer sich bei allen beliebt machen will, wird beliebig.«

Zwei Tage später komme ich ins Krankenzimmer meiner Mutter und sehe den Super-GAU auf den ersten Blick. Dr. Bach und Tante Inge stehen am Bett, in gebührendem Abstand zwar, aber die herzliche Abneigung, die ich vermeintlich aus ihren Gesichtern herauslese, scheint nur eine ganz untergeordnete Rolle zu spielen. Ich kriege trotzdem sofort ein schlechtes Gewissen, dass es nun also doch zu dieser Begegnung kam und ich sie bei all den Bitten und dem Weinen meiner Mutter nicht verhindern konnte. Das muss ein psychischer Höllenstress für meine Mama sein. Und diese Zusatzbelastung hat sie mit ihrer Krankheit nun wirklich nicht verdient. Was bin ich nur für ein unsensibles Trampel, das nicht verhindert zu haben, einfach von der Debattenkultur meiner Generation ausgehend.

»Schön, dass wir dich auch mal wiedersehen«, begrüßen mich Dr. Bach und Tante Inge jeweils freundlich, und mein Adrenalinpegel sinkt sogleich wieder etwas.

»Schau mal, was für schöne Blumen ich bekommen habe«, erklärt Mama und zeigt auf zwei Sträuße. Der eine besteht aus roten Nelken, der andere ist bunt gemischt. Ich verkneife mir selbstverständlich eine Bemerkung dazu, von welcher Art der politischen Gesinnung beide Sträuße vielleicht zeugen könnten. Dazu ist die allgemeine Lage einfach doch zu angespannt.

Doch nur wenige Minuten später stelle ich fest, dass alle anderen entspannter als ich sind – die scherzen darüber, dass Krankenhausbesuche auch dazu geeignet seien, politischen Feinden zu begegnen, die man persönlich gar nicht so unsympathisch findet.

Habe ich richtig gehört?

Ja.

Denn die beiden Besucher verabreden, den Heimweg gemeinsam anzutreten, und verabschieden sich bald darauf, um »die Familie nicht zu stören« (also Mama und mich), und meine Mutter setzt freundlich nach: »Schön war das, mit euch mal so zu debattieren, richtig erfrischend, dieser politische Wind. Und vielleicht seid ihr auch in den Ansichten gar nicht so weit voneinander entfernt, wie es scheint. Ihr trefft euch ja zumindest in dem Punkt, dass reproduktive Frauenarbeit abgeschafft gehört.«

Hä?

Dem Gesichtsausdruck nach zu schließen scheint dieser Satz meiner Mama auch den beiden Besuchern zu denken zu geben, sie fragen aber nicht nach.

Kaum sind sie aus dem Krankenzimmer draußen, fragt meine Mama: »Sag mal, was hast du eigentlich gemeint mit ›reproduktiver Frauenarbeit‹? Ich hab das jetzt bloß so dir mal nachgesagt, weil ich gedacht habe, das könnte die zwei beeindrucken.«

SPIESSER, SEX,
DRUGS AND ROCK 'N' ROLL

Im Gegensatz zu meinen Freundinnen Kikki und Dorothee hab ich keine Flower-Power-Eltern oder gar 68er-Rebellen als Vorfahren. Meine Mutter und mein Vater haben die ganze Bewegung zwar nicht »verschlafen«, aber konnten mit ihr schlicht nichts anfangen. Das kann nun jeder bewerten, wie er oder sie will. Heute denke ich: Es hatte Vor- und Nachteile. Ich schämte mich damals über die »Rückständigkeit« meiner Eltern, die am Wettbewerb »Unser Dorf soll schöner werden« teilnahmen, am Sonntag in die Kirche gingen und lila Latzhosen für ein direkt vom Teufel eingesetztes Instrument zur Beschleunigung des Unterganges des Abendlandes hielten. Aber es hatte einen Riesenvorteil: Ich konnte damals gegen sie so richtig rebellieren. Noch heute kann ich alle Merkmale von »Spießertum« rückwärts im Traum aufsagen und würde niemals an Weihnachten einen Christbaum mit mundgeblasenen Kugeln aus dem Erzgebirge schmücken.

Meine Freundin Kikki wiederum stammt aus einem großbürgerlichen, minimalistischen Diplomatenhaushalt und läuft an Weihnachten zu Höchstformen auf. Sie schmückt das ganze Haus wie eine Wahnsinnige mit Tannenzweigen, kitschigen Christbaumkugeln und (als Atheistin!) mit Krippen aus verschiedenen Kulturkreisen.

Dorothee wiederum war ihre Mutter peinlich, weil diese ihrer ersten großen Liebe einen Joint anbot und sich schließlich so mit dem jungen Mann bekiffte, dass meine Freundin nicht zum so sehnlichst erwarteten ersten Sex ihres Lebens kam. Dorothee reagiert extrem allergisch, wenn das Thema auf die 68er oder gar die RAF kommt. Da würden nur Mythen gebildet! Ja, die »Rebellen« damals hätten zwar neue Freiheiten erkämpft, aber auch neue Einschränkungen bewirkt. Und nach Dorothees Ansicht sei der größte Irrtum, die 68er hätten die Frauen befreit. Von wegen! Ihr Vater habe seine privaten Vorlieben einfach als politischen Kampf »verkauft« und dabei rücksichtslos die Grenzen ihrer Mutter überschritten, weshalb sich ihre Mutti schon kurz nach ihrer Geburt von ihrem Vater getrennt habe.

Später, als junge Erwachsene, spricht man mit Freunden in der Kneipe über das eigene Elternhaus oder tauscht sich erzählend mit dem Partner beim Glotzen des Fernsehkrimis darüber aus und findet den Einblick in andere Familiengeschichten oft spannender als die Frage, wer nun der Mörder im Filmstreifen ist.

»So bin ich auch aufgewachsen!«

»Bei mir war es genau das Gegenteil.«

»Ich kann deshalb heute noch keine Familienfeiern ab.«

»Und ich hätte mir immer gewünscht, bei uns hätte es welche gegeben.«

In diesen Jahren denkt auch niemand daran, was der politische Hintergrund der Eltern später noch für Folgen für uns hat. Völlig verschiedene Universen ergeben sich daraus!

Während ich die Gottesdienstanzeiger nach wichtigen Messen für meinen Papa durchforste und zu Corona-Zeiten mit dem Pfarramt verhandle, ob mein Vater nicht doch ohne Anmeldung am Gottesdienst teilnehmen kann, ereilt Dorothee ein Anruf des Nachbarn der Mutter, die gerade auf Reha ist: Sie solle sofort kommen, er habe aus zuverlässiger Quelle erfahren, eine Polizeikontrolle stehe unmittelbar bevor. Dorothee versteht nicht, was gemeint ist, ehe der Nachbar deutlicher wird: »Die Pflanzen!«

»Seit wann kontrolliert die Polizei, wie die Hecken geschnitten sind?«

»Nein, die anderen Pflanzen!«

»Also bitte, kommen Sie mir nicht wieder damit, dass meine Mama keinen englischen Rasen hat, es ist wirklich …«

»Dorothee, nein, ich rufe nicht deshalb an, vielleicht bist du wirklich zu naiv und hast das nicht erkannt. Ich bin doch solidarisch! Es geht um die Drogen!«

»Drogen???«

»Also um genau zu sein: Cannabis!«

»Aber ist denn ein wenig Eigenbedarf nicht straffrei?«

»Schon, aber …«

»Und was hat das mit dem Garten von Mama zu tun?«

»Da ist eine ganze Cannabis-Plantage im Garten! Bitte beeil dich, die Bullen kommen vielleicht heute noch, wie meine Informanten sagten.«

Dorothee fiel aus allen Wolken oder vielmehr sofort aus dem regulären Bürobetrieb, weil sie weder daran gedacht hatte, dass ihre Mutter vielleicht noch so Zeug rauchte, geschweige denn, dass sie es selbst anbaute. Die Freundin lief mit dem netten Nachbarn zu gärtnerischen Höchstleistungen beim Mähen mit einer Sense auf, ehe die Polizei zwei Stunden später feststellte: »Alles gut, wir haben uns bloß einmal umsehen wollen!«

Kikki wiederum hätte die sehr »freizügig großbürgerliche Auslegung der Sexualmoral« ihres Vaters fast ihren Job gekostet – sie arbeitet außer in ihrer Praxis auch für eine staatliche Behörde, was ich nicht näher beschreiben will, weil ich sonst zu viel Persönliches von ihr preisgeben würde.

Ihr Vater Tom wollte im zarten Alter von 78 Jahren nun doch noch ins Internet, das er anfänglich als »Neuerungsüberforderung« abgelehnt hatte. Kikki schenkte dem Vater ihren Rechner, weil sie sich eh einen neuen kaufen wollte, und richtete Tom mit sehr viel geduldigen Erklärungen einen Internetzugang ein.

»Dann aber«, so Kikki neulich am Telefon, »fand er sich erstaunlich gut alleine zurecht und war gar nicht mehr von dem Kasten wegzukriegen.«

Bis der Rechner abstürzte. Und wieder abstürzte. Und Kikki jedes Mal zweihundert Kilometer zur »Nothilfe« anreisen musste. Bis der Rechner einmal mehr abstürzte – und Kikki nicht sofort wieder zur »Nothilfe« kam. Und sie in ihrem Amt plötzlich zum Chef bestellt wurde, der von schweren Dienstverletzungen sprach – wie käme sie eigentlich dazu, Pornohinweise an Kollegen zu schicken?

Pornohinweise? Kikki dachte zunächst, sie halluziniere, denn – das müsse ich ihr unbedingt glauben – sie gucke niemals Pornos! Den Chef konnte sie wohl auch recht glaubhaft davon überzeugen. Aber woher kamen dann die Mails mit den schlüpfrigen Hinweisen? War ihr Account gehackt worden?

Nein – sehr schnell stellte sich heraus, dass Kikki wohl versäumt hatte, auf ihrem alten Rechner ganz gründlich die Mailzugänge zu löschen, und ihr Vater es irgendwie geschafft hatte, diese nach dem erneuten Absturz des Rechners wiederherzustellen. Und damit musste Tom wohl mehr als eindeutige Hinweise in Kikkis behördlichem Kollegenverteiler rumgeschickt haben.

Ich muss sagen, da sind mir Verhandlungen mit Kirchenvertretern deutlich lieber. Das ist alles viel weniger nervenaufreibend. Ich kann also allen in Hinblick auf das Alter nur dazu raten, die Eltern rechtzeitig zu Spießern zu erziehen.

ORDNUNG
IST DAS HALBE LEBEN

Mit dem Satz »Ordnung ist das halbe Leben« bin ich aufgewachsen. Meine Mama zitierte ihn gerne – zu gerne, zu oft –, wenn ich mein Zimmer aufräumen sollte, Unterlagen nicht fand oder schlicht bei Liebeskummer oder beruflichen Krisen erzählte, dass sich mein Leben in »Unordnung« befinde.

Dem Spruch meiner Mutter setzte ich dann gerne entgegen: »Wenn Ordnung das halbe Leben ist, dann leb ich lieber in der anderen Hälfte!«

Noch heute habe ich meine helle und heimliche Freude daran, abends die Klamotten vor mein Bett zu werfen, anstatt sie säuberlich zusammenzulegen, aufzuhängen oder gar fein für die Wäsche zu sortieren. Obwohl das ziemlich albern ist, denn irgendwer muss diese wild auf dem Boden vor dem Bett verstreuten Klamotten am nächsten Morgen aufsammeln. (Macht aber meist mein Mann, der vor mir aufsteht, was habe ich aber auch für ein Glück mit ihm!) Nichts im Leben räumt sich von alleine auf – vielleicht die ultimative Weisheit aller Frauen jenseits der fünfundzwanzig. Denn ich habe es ja insgesamt auch gerne übersichtlich, geordnet und sauber – selbstverständlich ohne dabei spießig zu sein. Und wie oft hatte ich den Kindern, als sie noch daheim wohnten, hinterhergeschimpft: »Räumt endlich mal euer Zimmer auf!« Aber nie hätte ich so einen Kaiser-Wilhelm-Spruch losgelassen: »Ordnung ist das halbe Leben!« Wir haben schließlich gelernt, Ich-Botschaften zu formulieren (also zumindest manchmal): »Räum doch bitte dein Zimmer auf, die Unordnung stört mich einfach.« Sprichwörter wie »Der frühe Vogel fängt den Wurm« oder »Ordnung ist das halbe Leben« sind doch einfach gestrig autoritär!

Der Glaube an die verlässliche, kleinbürgerliche Lebenseinstellung meiner Alten wurde jedoch existenziell erschüttert – kaum lagen Mama und Papa mit schweren Krankheiten in Kliniken, war bei ihnen gar nichts mehr »aufgeräumt«. Fragen nach Ordnung oder Unordnung im eigenen Haushalt stellten sich auch gar nicht mehr, denn es galt irgendwann nur noch, sich mit dem Überlebensnotwendigen zu beschäftigen und nicht mit ungeputzten Kühlschränken, Wollmäusekolonien auf Böden oder einer Diskussion über das sinnvolle Einsortieren von Lebensmitteln mit einem Mann, der Sonderangebote so einkauft, dass sie für die nächsten hundertsiebzig Jahre reichen. Und den Hausstand meiner Eltern betreffend galt es, den »Laden« einfach irgendwie am Laufen zu halten – einen »Laden«, der alles andere als … ähm, räusper … *ordentlich* war.

Auf der Schlafzimmerseite meiner Mutter stapelten sich neben dem Bett völlig ungeordnete Frauenzeitschriften ab 1992, die meisten mit dem Aufmacher »Diät« oder »Die besten Backrezepte«.

Dabei haben meine Eltern im Gegensatz zu mir und meinem Mann im knappen Großstadtwohnraum ein riesiges Schlafzimmer mit unzähligen Einbauschränken. Aber die waren auf Mutters Seite nun mal schon belegt mit einerseits völlig ungeordneten durchlöcherten Wäschestücken und andererseits unberührten Pullis, Unterwäsche, Blusen und T-Shirts »für später mal«. Und auf der Schlafzimmerseite meines Vaters waren alle Schränke vollgestopft mit Gottesdienstanzeigern und Kirchenzeitungen ab 1989.

Manchmal muss *ich* jetzt nachrechnen, welches Jahr wir gerade haben und ob ich nicht irgendwo mit der Zeitmaschine stecken geblieben bin. Ah, beruhige ich mich, okay, wir sind tatsächlich schon im 21. Jahrhundert gelandet!

Und heuer muss ich einen ärztlichen Bericht zu Papa, zwei Bescheide der Sparkasse, eine Telekom-Vertragsnummer und den Personalausweis meiner Mutter suchen.

»Der liegt im Schlafzimmer, auf meiner Seite«, erklärt Mama.

»Wenn der Bericht nicht im Arbeitszimmer abgeheftet ist, liegt er im Schlafzimmer auf meiner Seite«, instruiert mich Papa.

Ich suche zwei geschlagene Stunden und höre mich irgendwann laut schimpfen: »Ordnung ist das halbe Leben!«

Zwei weitere Stunden später habe ich mithilfe meiner Kinder tatsächlich alles gefunden außer Mamas Personalausweis.

»Ach«, meint meine Mutter am Telefon, als ich ihr von der erfolglosen Personalausweisschatzsuche berichte, »vielleicht hab ich ihn auch in die Küchenschublade mit den Scheren gelegt.«

Wir suchen weiter. In allen Küchenschubladen, denn bei den Scheren lag er auch nicht. Mama ruft mich jetzt an: »Monika, das tut mir so leid … stell dir vor, der Personalausweis ist hier bei mir im Krankenhaus, ich hatte ihn doch in der Börse, er war nur hinter einem Rossmann-Gutschein versteckt.«

Grrrr! Aber meine Mutter ist schwer krank. Da kann ich ihr doch nicht kleinlich vorwerfen, Gutscheine von irgendwelchen Märkten seit gefühlt zehn Jahren im Geldbeutel zu horten! Oder ihr gar entgegenschleudern: »Mama, Ordnung ist das halbe Leben!«

Bis.

Bis.

Bis.

Bis ich wieder suchen muss. Ich brauche die Unterlagen zu einer Krankenzusatzversicherung. Der Arzt fragt nach früheren Medikamentenplänen. Und weil im Krankenhaus die gute Brille von Papa verloren gegangen ist, durchwühlen die Kinder und ich das Haus nach der Ersatzbrille. (»Die muss ich irgendwie verlegt haben, vielleicht im Hobbyraum, bei den teuren Büchern.«)

Die religiösen Gefühle meiner Eltern verletzend fluche ich im tiefsten Bayerisch: »Jessas! Ja, könnt ihr denn nicht aufräumen? In diesem Saustall findet niemand nix mehr.«

Wie können mir die Alten nur so ein Chaos hinterlassen? War ihr Motto etwa: »Nach uns die Sintflut«? Aber das kann doch nicht sein – ausgerechnet meine Eltern, denen ich als Jugendliche mehrmals an den Kopf geworfen hatte, was sie doch für Kleinspießer seien!

Noch ein paarmal verzweifle ich schier an der Neben-dem-Bett-Hortung, verstopften Schubladen und im ganzen Haus verstreuten Aktenordnern. Wie konnten aus anständigen Eltern so chaotische Alte werden! Bis ich eines Tages im Zuge eines Krimi-Projekts ein Interview mit einem professionellen Einbrecher führe. Der Mann im Knast, ein Profiverbrecher, erklärt mir seelenruhig sein Handwerk und dass es nichts Schlimmeres auf der Welt gebe, als auf so unaufgeräumte Haushalte zu treffen – da fänden sie nie etwas!

Ha! Damit kann ich Tante Anni kontern, wenn sie wieder einmal anruft und sich über Mamas und Papas Unordnung abfällig äußert – meine Eltern haben extrem vorausschauend diese Unordnung nur erzeugt, damit kein Einbrecher im Haus je eine Chance hat!

DEIN PAPA
IST DAS NILPFERD

Im Leben gibt es Sätze, die sich einem normalsterblichen menschlichen Gehirn nicht sofort erschließen. »Die Welt ist alles, was der Fall ist« vom Philosophen Ludwig Wittgenstein zählt dazu. »Ja und?«, dachte ich damals als junge Studentin bei der Lektüre des 1921 erschienenen *Tractatus logico-philosophicus*. Erst nach und nach und über viele Jahre erschloss sich mir vielleicht ansatzweise (ich möchte auch heute noch nicht behaupten, diesen Denker wirklich verstanden zu haben), was der Mann vielleicht auf eine philosophische Kurzformel brachte. Wie er die ganze Philosophiegeschichte so radikal auf einen alles entscheidenden zentralen Inhalt bringen konnte.

Ein anderer derartiger Satz in meinem Leben lautete: »Es liegt nicht an dir, aber mit uns ist es vorbei.« In diesem Fall begriff mein 23-jähriges Hirn zwar schneller, dass der Kerl, mit dem ich ein Jahr lang Bett und Küche geteilt hatte, mich gerade abservierte, ich mir eine neue Wohnung zu suchen hatte, künftig sein Auto nicht mehr mitbenutzen konnte und mit ihm auch ein damals sensationell neues Gerät, ein Videorekorder, aus meinem Leben verschwinden würde. Das war weiblicher Pragmatismus, sofort an diese konkreten Folgen zu denken – weitaus schwerer und tränenreicher war es zu verstehen, dass dieser Mann, den ich liebte, mich einfach verlassen wollte. Ha, nicht verlassen *wollte* – er verließ mich einfach mir nichts, dir nichts von einem Tag auf den anderen. Diese Verletzung zu »verstehen« und zu verarbeiten dauerte.

Es folgten in meinem Dasein noch einige solcher »Das geht nicht gleich ins Hirn«-Sätze wie:

»Mama, diese Scheißausbildung mach ich keinen Tag länger. Ab morgen schlafe ich aus.«

Oder: »Es war immer wunderbar, mit Ihnen zu arbeiten, aber die Umstände erfordern nun eine Trennung.«

Oder: »Da Sie weiter Pflanzen auf dem Balkon aufstellen, sehe ich mich gezwungen, das Mietverhältnis sofort zu beenden.«

Wir alle sammeln solche Sätze mit dem dazugehörigen Schock im Laufe unseres Lebens. Und zugleich sind wir mittlerweile so stark und pragmatisch und erfahren genug, um zu kapieren, dass wir erst nach und nach alles verstehen werden, aber auch meistern können. Wir haben gelernt, uns Zeit zu geben. Wir haben längst verstanden, was mit der Zeile »The first cut is the deepest« gemeint ist – und dass jeder nächste Cut uns zwar auch noch ins Fleisch schneidet oder uns das Herz aufschlitzt, aber wir haben nun auch die Erfahrung, dass die Wunden wieder heilen werden. Wir haben mit Männern, Philosophen, Kindern, Jobs, Vermietern und Umständen zu leben gelernt.

Und dann kommt eines Tages wieder so ein Satz daher, in meinem Fall auf der neurologischen Reha-Station, auf die mein Vater nach einem Schlaganfall verlegt wurde und zu der wir fahren, um nach seinem Transport vom Krankenhaus dorthin mit seinen Dingen sein Zimmer gemütlich »einzurichten«. Eine alte Bekannte, die ich nicht mehr erkannt hätte, arbeitet mittlerweile dort am Empfang, schaut über die Lesebrille hinter der Theke hoch und begrüßt mich freudig: »Ah, die Monika! Gut schaust aus! Wie geht es dir denn? … Du, dein Papa ist das Nilpferd, gleich neben dem Papagei.«

Wie? Was? Papa war ja als muskulöser Sportler noch nie von zierlicher Statur, aber er ist auch nicht übergewichtig. Den Kontinent Afrika hat er nie betreten. Dass er kein »Papagei« ist, verstehe ich sofort – er redet eher zu wenig als zu viel und schon gar nichts den Leuten nach. Aber wieso ist Papa nun ein Nilpferd geworden? Gibt es mittlerweile Außerirdische, die Menschen plötzlich in verschiedene Tiere verwandeln? Träume ich nur, im realen Leben auf einer Reha-Station zu sein, oder bin ich in Wirklichkeit in einem absurden Film? Bin ich noch bei Sinnen? Ist die Welt wirklich alles, was der Fall ist? Fragen über Fragen!

Ich starre die Bekannte wohl so fassungslos an, dass meine Tochter Eva, die neben mir an dieser Theke steht, mich mit sich zieht, um weitere Peinlichkeiten, die aus meinem geistigen Aussetzer entstehen könnten, zu verhindern.

Während ich mich noch in Schockstarre befinde, orientiert Eva sich schnell in der Realität. »Schau mal, Mama, das ist wie damals bei uns im Kindergarten«, erklärt sie auf dem Flur. »Jedes Zimmer ist nach einem Tier benannt. Da kann man auch ohne Worte und ohne lesen zu können wieder hinfinden, wenn man zuvor in den Therapieräumen war.«

Ein paar Schritte weiter sagt Eva freudestrahlend vor einer Zimmertüre: »Schau, da ist das Nilpferd. Da ist Opa!« Okay, ich halte mich trotzdem an den Namen, der seitlich noch an der Zimmertür steht und eindeutig meinem Vater zuzuordnen ist, weil ich des Lesens und Schreibens mächtig bin und Buchstaben im realen Leben mehr vertraue als Aussagen wie »Dein Papa ist das Nilpferd«.

Nicht dass Sie glauben, ich hätte ein Problem, mich seither als Nilpferd-Tochter durch das Leben zu wälzen. Das sind übrigens schöne Tiere, wie ich jetzt auch noch mal mittels Google recherchiert habe. Sie sind Allesfresser, haben eine dicke Haut und wiegen im Schnitt rund 1700 Kilo, sodass ich mir um so ein paar Pipifax-Kilos in meinem Leben mehr oder weniger keine Sorgen mehr machen muss, ich habe sozusagen einen Freibrief zum Fressen. Wie gut, dass Papa nicht zu einem Papagei mutiert ist – Letztere wiegen im Schnitt allerhöchstens fünf Kilo, ehe sie flugunfähig werden wie bereits ausgestorbene Arten. Chips auf dem Sofa sind also ein »No-Go« für diese Art, und ich kann dankbar für jeden Abend sein, den ich mit einem Glas Wein, fettem Futter und meiner Faulheit als Nilpferd-Juniorin verbringe.

Aber meine Freude darüber, dieser neuen Familienart mit der Kalorienflatrate anzugehören, endet abrupt mit der Aufnahme Papas in eine Demenzgruppe. Dort wird er ... zur Gazelle! Gazellen sind der Inbegriff von schlanken und eleganten Lebewesen. Wer um Himmels willen kam auf die Idee, meinen trotz Altersschwäche immer noch kräftigen Vater diesem Tier zuzuordnen? Aber ist das denn wichtig, welches Tierbild da an seinem Fach hängt? Die Welt ist alles, was der Fall ist – also auch eine Gazelle bei meinem Papa.

»Die meinen bestimmt ein Reh«, vermutet Eva. »Opa hat da nur eine Gazelle darin erkannt, weil er früher so viele Tiersendungen geschaut hat.« Ah ja, da könnte was dran sein, denn wir selbst haben das Bild noch gar nicht gesehen, Papa hat es nur erwähnt.

»Aber warum dann ein Reh und kein Hirsch? Mein Papa ist schließlich ein Mann!«

»Also echt, Mom, jetzt komm mal runter. Als ob das wichtig wäre.«

Jajaja. Eva hat ja recht. Wenn Papa mit der Gazelle einverstanden ist und sich nicht aufregt, warum tue ich das dann? Fragen über Fragen ...

... die sich aber nach und nach auflösen. Welche Tierart nun gewählt wurde, spielt wohl nur eine untergeordnete Rolle, an der sich nur mein unphilosophisches »Kleinhirn« aufgehängt hat. Ich lerne nach und nach zu verstehen, wie sich Alten- und Kinderwelt ähneln. Die Sinne der Kleinsten und Betagtesten sind viel weniger als bei uns »Mittelalterlichen« vom Kopf und von Worten geprägt, sondern vielmehr von Bildern, Gerüchen und Berührungen. Daran knüpfen Kitas einerseits und Reha-Stationen, Demenzgruppen und Seniorenzentren andererseits an. Auch die Lebenswahrnehmung nähert sich im hohen Alter speziell bei Demenz wieder der Kindheit an – der Augenblick im Hier und Jetzt zählt viel mehr als das Gestern oder Morgen. Der Einwand, gerade Demente lebten nur noch in der Vergangenheit, stimmt nur bedingt. Papa weiß zwar noch viel mehr aus der Kindheit als vom letzten Jahr, aber sein Empfinden von einer angeblich heilen Welt früher ist deutlich weniger ausgeprägt als meins.

Während ich mir Sorgen mache, wie es mit seiner mentalen und körperlichen Gesundheit weitergeht, berichtet er mir nach jedem Besuch der Gruppe freudig aufs Neue: »Das sind schöne Räume. Und an meinem Fach dort hängt ein reizendes Bild von einer Gazelle.«

Manchmal spiele ich jetzt mit dem Gedanken, vor der Tür zu meinem Arbeitszimmer ein Eulenbild aufzuhängen. Eulen sind Symbole der Weisheit, und sie verstehen vielleicht Wittgensteins Satz: »Wovon ich nicht sprechen kann, davon soll ich schweigen.« Außerdem hat meines Wissens noch nie ein Ornithologe beschrieben, dass diese Tiere Übergewicht bekommen.

AKTENZEICHEN XX
UNGELÖST

Zu einer meinen frühesten Kindheitserinnerungen gehört die Sendung »Aktenzeichen XY … ungelöst«. Sie wurde alle vier Wochen freitagabends ausgestrahlt, und mit dem sicheren Instinkt von Kindern wusste ich, dass sie am betreffenden Abend kommen würde, wenn meine Eltern zwar den Titel der Sendung tunlichst nicht erwähnten, mich aber an solchen Freitagen ungewöhnlich früh ins Bett schickten. Wie die neunzig Prozent aller nicht braven Kinder wollte ich natürlich wissen, was hinter diesem geheimnisvollen TV-Ereignis steckte. Also schlich ich mich eines Freitags aus meinem Kinderzimmer und sah hinter der halb geöffneten Wohnzimmertür vom Flur aus die Sendung, die meine Eltern verfolgten. Danach schlich ich mich ins Bett zurück und konnte nicht schlafen. Zum ersten Mal in meinem Leben hatte ich Mörder *gesehen!*

Außerdem hatte ich bei meinem nächtlichen Ausflug in das verbotene Gebiet der Erwachsenenfernsehsendungen auch noch erfahren, dass es nicht nur Mörder und Einbrecher gab, sondern auch Männer, die kleine Kinder entführten und von ihren Eltern Lösegeld forderten, damit sie wieder zu Mama und Papa zurückkommen durften. Was für ein Horror! Vermutlich hat keine Predigt meiner Mama oder kein Verbot meines Papas mir jemals den Sinn dessen, was kleinen Mädchen erlaubt sein sollte, besser vermitteln können als dieses nächtliche Ignorieren der elterlichen Anweisung. Wochenlang verfolgte mich das Gesehene albtraumhaft.

Jahre später erschien mir als politisch kritischer Geist der »Ganoven-Ede« (alias Eduard Zimmermann) höchst suspekt. Das war doch größtenteils Hetze gegen Ausländer! Tatsächliche Fahndungserfolge interessierten mich nicht, sondern nur die mögliche gesellschaftspolitische Wirkung so einer Sendung.

Und Jahrzehnte später, also heute, sehe ich quasi kaum mehr fern, hatte die Sendung komplett vergessen und musste eben googeln, ob es sie überhaupt noch gibt. Ja, sie wird immer noch ausgestrahlt, auch wenn Eduard Zimmermann längst das Zeitliche gesegnet hat.

Aber der Titel dieser Sendung schoss mir in den Kopf (vielleicht weil diese Kindheitserinnerung so tief sitzt?), als mich eine Meldung erschütterte – eine 93-Jährige wurde nachts in ihrem Haus vergiftet, wie die Obduktion ergeben hatte. Wer bitte bringt wieso und warum eine 93-Jährige um? Die Ermittler tappten auch bezüglich des Motivs des Täters völlig im Dunkeln, denn aus dem Haus wurde nichts entwendet. Allerdings sei es im Vorfeld des Verbrechens unter den drei Töchtern des Mordopfers zu einem Streit über die Versorgung der pflegebedürftigen Mutter gekommen. Alle drei Töchter seien verhört worden, aber bei keiner habe sich ein Motiv ergeben. Das Verbrechen ereignete sich übrigens in einem Dorf in Australien, und ich las nur davon, weil die Tochter einer Bekannten von mir dort gerade im Nachbarort ihr Au-pair-Jahr verbringt und mich darauf hingewiesen hatte.

Nach allen Expertenmeinungen hat jeder Mensch mehrmals im Leben Mordfantasien (wir Schriftsteller erlauben uns sogar ganz »legal« als »kreatives Kapital für Geschichten« solche Vorstellungen etwas häufiger, siehe Kapitel »Dealen für die Mama«), um Krimis schreiben zu können. Nichts Menschliches ist uns sozusagen fremd – selbstverständlich aber nur in der Fantasie.

Laut der österreichischen Gerichtsgutachterin Sigrun Roßmanith morden Frauen übrigens »einfallsreicher und geduldiger, machen ihre körperliche Unterlegenheit durch ausgeklügelte Vorgehensweisen wett. Sie sind, salopp gesagt, die besseren, die kreativeren Mörder.«

Dabei sind in Deutschland laut Kriminalstatistik nur 13,5 Prozent der Mordverdächtigen weiblich, bei Totschlag waren es 11,2 Prozent. Auch wenn sie nicht die besseren Menschen sein mögen, töten Frauen also seltener. Laut Roßmanith dürfte ein Grund darin liegen, dass Frauen anders mit destruktiv-aggressiven Impulsen umgehen. Sie richten ihre Aggressivität eher gegen sich selbst, neigen mehr zu Depressionen, Essstörungen, psychosomatischen Erkrankungen und Süchten. Nicht zum Alkohol, aber zu Beruhigungsmitteln. Frauen töten, wenn sie keinen individuellen Ausweg aus ihrer Notlage mehr sehen – männliche Mörder wurden hingegen meist schon vor der Tat wegen anderer Gewaltverbrechen aktenkundig. – So weit die Einschätzung von Roßmanith zu den Unterschieden von männlicher und weiblicher Mordlust.

Wir Frauen sind nicht bessere Menschen (außer wenn es um das Badputzen geht!), wir ticken nur etwas anders. Und wir Frauen sind es hauptsächlich, die in der Pflege arbeiten, sowohl in Institutionen der Pflegeeinrichtungen wie auch bei der Pflege zu Hause. Und bei allen Belastungen in der Dauerpflege bleiben wir meist liebevoll und werden nicht aggressiv.

Drei Viertel der rund 3,4 Millionen pflegebedürftigen Menschen in Deutschland werden laut Statistischem Bundesamt zu Hause versorgt – davon fast 1,8 Millionen alleine von Angehörigen. Zwar hat sich der Anteil von Männern bei der Pflege zu Hause erhöht. Doch waren es nach dem jüngsten Bericht immer noch 68 Prozent Frauen, die Senioren versorgen. Außer der Lebenspartnerin leistet in jedem vierten Fall eine Tochter des Pflegebedürftigen die Hauptarbeit, in rund jedem zehnten Fall ein Sohn. Söhne engagieren sich je nach Anzahl der Schwestern – aber das kann ich nicht genauer aufschlüsseln, denn ab da werden die Datenlage und die Interpretation der Statistiken ziemlich kompliziert.

Viele Frauen unterbrechen für die Pflege ihre Karriere. Wegen damit verbundener Lohnausfälle sind Betroffene laut einer neuen Studie oft von finanziellen Risiken bis ins Alter bedroht. (Auch wenn mittlerweile Pflegezeiten auch auf die Rente angerechnet werden.) Denn Pflege und Beruf sind zeitlich nach wie vor schwer zu vereinbaren.

Zwar gibt es noch immer keine belastbaren Studien zum Zusammenhang zwischen Altersarmut und Pflegezeiten, aber die Wissenschaftlerin Katja Knauthe hat dazu unter Berufung auf eine Regierungs-Erhebung angeführt, dass bereits eine Berufsunterbrechung von sechs Monaten statistisch einen dauerhaften Einkommensverlust von durchschnittlich neun Prozent mit sich bringt, bei zwölf Monaten seien es fünfzehn Prozent.

In Liebe zu unseren Alten denken wir Frauen oft nicht an Zahlen und Einkommen und finanzielle Verluste und so Zeug – es ist wie mit den Kindern früher. Auch da können und wollen wir nicht aufrechnen, was es für unseren Lebenslauf, unsere Rente und die Finanzen allgemein bedeutet, die wertvolle Zeit den Liebsten zu schenken. Und ganz persönlich angefügt: Ich finde das auch gut so, also jedenfalls für mich.

Denn allgemeinpolitisch kann man das auch als falsche Aufopferung sehen. Ich bevorzuge hingegen den Standpunkt, dass die Pflege der Eltern als bewundernswerte soziale Verantwortung wertzuschätzen ist. Aber die Politik ist trotzdem gefragt, das mal ins Programm aufzunehmen, so wie irgendwann auch einmal ins Bewusstsein rückte, dass Frauen nicht automatisch gute Mütter sind, wenn sie auf die Karriere verzichten, sondern es auch andere Lösungen gibt, beispielsweise Elternzeit auch für Väter.

Wir Frauen haben uns endlich von der falschen Alternative »Bist du eine gute Mutter oder eine Karrierefrau?« verabschieden können. Nach jahrzehntelangen Kämpfen. Hinsichtlich der Pflegesituation liegen dagegen die Gesellschaft und die Politik noch im Dornröschenschlaf des vorigen Jahrhunderts und wollen nicht verstehen, was für ein Druck auf das weibliche Geschlecht individuell abgewälzt wird. Denn während sich mittlerweile auch konservative Männer das Fördern der Berufstätigkeit von Frauen auf die politische Agenda schreiben, lassen sie uns in der Situation mit der Senioren-Pflege ziemlich alleine.

Wenn ich es mir recht überlege, bin ich geneigt, meine lila Latzhose wieder aus dem Kinderzimmerschrank zu holen und neu auf die Barrikaden zu gehen. Die öffentlich-rechtlichen Sender sollten ein Format mit dem Namen »XX ...ungelöst« einführen, zu allen noch offenen und nicht wiedergekäuten Fragen der weiblichen Emanzipation. Bei Bedarf moderiere ich dann gerne als »Ganoven-Moni«. Als liebende Töchter sollten wir dann unsere Alten nur davor schützen, diese Sendungen nachts heimlich zu gucken, damit nicht Leute wie Tante Anni im hohen Alter Angst vor »erbschleichenden Kindern«, die sie umbringen, bekommen.

Im australischen Fall der Bekannten stellte sich übrigens heraus, dass ein Schwiegersohn die Dame vergiftet hatte – in liebender Absicht, weil sie darum gebeten hatte, ihr beim Sterben zu helfen. Australien erlaubte zwar als erstes Land der Welt Sterbehilfe – zu der ich angesichts unserer deutschen Euthanasie-Geschichte höchst ambivalent stehe –, aber eben auch nur unter bestimmten Bedingungen, die der Mann nicht erfüllt hatte. Laut der Tochter meiner Bekannten, die ich um Nachfrage gebeten hatte, sitzt der Mann nun zwar im Gefängnis ein, nimmt die Strafe aber heroisch dafür in Kauf, der geliebten »mother-in-law«, also Schwiegermutter, geholfen zu haben.

DAS BLAUE DIRNDL

Manchmal ist mir schlichtweg nur zum Heulen – wenn ich ein Bild meiner Mutter als Fünfundzwanzigjährige sehe, wie sie im blauen Dirndl vor einer überwältigenden Alpenkulisse meinen Bruder und mich im Arm hat und mit funkelnden, glücklichen Augen zu meinem Vater blickt. Sie ist schön, jung, voller Kraft, Aufbruchsstimmung und Lebensfreude.

Beim Betrachten des Fotos schießt mir unwillkürlich in den Kopf: Was ist nur aus ihr geworden? So als wäre es nicht der natürliche Lauf der Zeit, älter zu werden. So als hätte diesen »Verfall« irgendwer persönlich verschuldet und er wäre nicht dem Leben an sich geschuldet – das Leben auf unserem Planeten unterliegt nun mal dem ewigen Kreislauf: geboren werden, groß werden, sich fortpflanzen, altern und schließlich »absterben«. Sagt die Biologie. Sagt mein Kopf. Sagt aber nicht mein Gefühl, wenn ich dieses Foto sehe und bald darauf auch noch genau dieses blaue Dirndl im Kleiderschrank der Mutter entdecke – aufbewahrt über mehr als fünf Jahrzehnte, obwohl es vermutlich mindestens seit vier Jahrzehnten zu eng ist und es wohl längst ausgemistet gehört hätte. Wie übrigens auch Stücke in meinem eigenen Kleiderschrank.

Fragen Sie mich lieber nicht, was sich in unserem Schlafzimmer für monströse Abgründe auftun. Da müsste irgendwo noch ein Spitzen-BH aus Seide mit Einkaufsdatum 1989 liegen, von dem ich immer noch wider besseren Wissens erhoffe, da mal wieder reinzupassen. Außerdem gibt es da noch das wohl gehütete Geheimnis eines Gürtels, den ich anno-was-weiß-ich-nicht-mehr mal hinter dem Rücken meines Mannes für hundert D-Mark in einem Italienurlaub erstanden habe, woraufhin wir einen Tag früher als geplant in die Urlaubspleite gingen und mit unseren Rucksäcken wieder abreisen mussten.

»Ich versteh nicht, wo das Geld geblieben ist«, sagte mein Mann damals, und ich nickte: »Ist mir auch ein Rätsel.« Diese meine Hinterhältigkeit und meine Lüge verursachen heute noch ein so schlechtes Gewissen in mir, dass ich schon beschlossen habe, mit diesem Gürtel einmal bestattet werden zu wollen, um mein Geheimnis wirklich endgültig mit ins Grab zu nehmen. Aber gut, das ist für den Moment noch Zukunftsmusik.

Solche Überlegungen tauchen aber auf, wenn ich das Bild meiner Mutter und ihr Dirndl im Kleiderschrank sehe. Dr. Freud, der Erfinder der Psychoanalyse, wäre jetzt gerade vielleicht hellauf begeistert von mir, weil ich ein Paradebeispiel für seine Theorie der Verdrängung liefere. Neben der »Verschiebung« und »Verdichtung« spielt die Verdrängung eine zentrale Rolle in seiner Theorie. Und was verdrängen wir bevorzugt? Eben – den Tod. Mehr noch als Leichenwagen, die wir offensichtlich aus dem öffentlichen Verkehr verbannt haben (nur noch ganz selten sind sie zu sehen), und alles rund um Friedhof & Co. verdrängen wir das *Altwerden,* also die ganzen Vorstufen zum Tod.

Ich rede hier nicht vom *Älterwerden,* mit dem speziell wir Frauen in unserer Generation natürlich kämpfen – also der unheimlichen Vermehrung der Fältchen am Hals, den Fetteinlagerungen an völlig falschen Stellen (siehe Jeans einerseits und Spitzen-BHs aus Seide andererseits) oder dem zunehmenden Knick in der Optik und dem verzweifelten Versuch, Lesebrillen großräumig aus dem Weg zu gehen, bis keine andere Chance mehr besteht, als sie zu benutzen, um nicht eine falsche Geheimzahl an der Kasse einzugeben und als mutmaßliche EC-Kartenbetrügerin verhaftet zu werden.

Über diese *Älterwerden*-Zipperlein können wir noch – wenn auch mit schwarzem Humor – lachen. Beim *Altwerden* geht es jedoch ans Eingemachte. Während wir uns beim Verwenden einer Lesebrille noch wie in einem Zerrspiegel auf dem Jahrmarkt unsere komische Situation des Jungbleibenwollens vor Augen führen, sehen wir im körperlichen und geistigen Abbau unserer Eltern dem Ende quasi direkt in die Augen. So eine schöne, kraftvolle, junge Frau: meine Mutter in diesem blauen Dirndl – und jetzt kann sie nicht mehr alleine aus dem Bett aufstehen. Unsere Lebenszeituhr tickt unaufhaltsam. Es lässt sich nichts aufhalten. Nur eins im Leben ist gewiss – es wird enden. Shit! Während ich dies schreibe, möchte ich es sofort wieder verdrängen und überlege gerade deshalb auch, ob ich die Zeilen oben nicht wieder lösche. Aber nein, darum geht es ja gerade.

Das blaue Dirndl. Das Bild zeigt eine Winterlandschaft. Hat sie in dem Kleid nicht gefroren? War ihr das vielleicht egal, wie es mir auch wäre, wenn es um ein schönes Foto geht? Und trugen Frauen damals nicht dicke Wollstrümpfe (ich erinnere mich gut daran, als Kind auch noch mit schrecklich kratzenden Wollkniestrümpfen drangsaliert worden zu sein, die ich unbedingt anzuziehen hatte)? Nein, meine Mutter trägt keine Wollstrümpfe auf dem Bild, sondern »Seidenstrümpfe« (immer noch das Highlight der Nachkriegsgeneration inklusive der Katastrophe von »Laufmaschen«, ein Begriff, den die Kids heute gar nicht mehr kennen).

Das blaue Dirndl – ich vergesse es und das Bild wieder, weil Drängendes ansteht und ich doch nur Wäsche für das Krankenhaus für Mama gesucht hatte. Bis ich dem blauen Dirndl auf der Suche nach bequemen Oberteilen für das nächste Krankenhaus wieder begegne. Und da schaue ich mir das Teil plötzlich noch mal genauer an. Ah! Ich stelle plötzlich fest, warum meine Mutter damals nicht gefroren hat – zu dem Dirndl gehört ein Unterrock! Ein dicker, warmer, weißer Unterrock und nicht so ein dünner Fetzen aus Polyamid oder anderen Kunstfasern, wie ich bisher Unterröcke in Erinnerung hatte.

Und plötzlich fühle ich mich unglaublich jung. Ich werde zwar älter, aber noch nicht alt! Denn bei der Neubetrachtung des blauen Dirndls und des Unterrocks fällt mir der Spruch meiner Freundin Dorothee ein: »Wirklich alt wirst du, wenn du jede Mode schon zum zweiten Mal durchmachst.« Ja, ich sehe wieder Männer mit Bart und langen Haaren. Ich trage auch wieder einen Parka – wie damals in den Achtzigern. Dorothee taucht neuerdings auch in gesmokten Oberteilen auf wie damals zur Abiturfeier. (Gottlob wurden nur Karottenhosen nie wieder neu aufgelegt, jedes Modeverständnis hat seine Grenzen!)

Wirklich alt kann ich also noch gar nicht sein, weil das Tragen eines Unterrocks nach wie vor völlig außer Mode ist. Noch nicht mal unter neuem Etikett (wie bei Miederwäsche, die nun unter dem Modewort »Shaping« neue Karriere macht) tauchte er in meinem Leben auf.

Ich habe also doch einige lange Jahre vor mir, wenn ich noch nicht soooo alt bin. Vielleicht sollte ich diese Zeit einfach noch nutzen und so kraftvoll aufbrechen wie meine Mutter damals mit ihrem glücklichen Blick im blauen Dirndl. Ich könnte womöglich noch mal neu durchstarten, um später in der Rente dann in die Karibik auszuwandern. Ich sollte nicht mehr verdrängen, dass mir nur noch eine gewisse Restlaufzeit bleibt, sondern einfach zupacken gemäß dem Motto »Carpe diem«, und nicht nur aus meinem Leben etwas machen, sondern auch endlich einmal einen »Reibach« machen.

Wie das geht? Na, ganz einfach: Ich lege den Unterrock neu auf. Und zwar in allen Variationen, von leicht bis warm. »Covered by Monika« wird das dann heißen und der Hit schlechthin werden. Damit werde ich reich und berühmt. Und der Produktionsfirma verpasse ich das Label »Das blaue Dirndl«.

Ob das wirklich was wird? Meiner Tochter würde ich angesichts so hanebüchener Pläne sagen: »*Dream on!*« Aber egal – jedenfalls hilft mir der Traum gerade, nicht mehr so traurig zu sein über den natürlichen Lauf der Welt, der aus Krankheiten, Altern, Leben, Sterben und Moden besteht.

ECHTE KERLE LIEBEN AUTOS

Mit zu den seltsamsten Erfahrungen als Seniorentochter zählt, sich in geschlechtsspezifische Rollen von anno dazumal einzufühlen. Also geschlechtsspezifische Rollen, gegen die ich immer rebellierte und die ich zeit meines Lebens bekämpfen wollte. Mein Papa kann sich nicht mal ein Spiegelei braten? Meine Mama kann nicht Auto fahren?

Selbstverständlich weiß mein Vater, was eine Bratpfanne ist und wo sie in der Küche liegt – oder doch nicht? Fast selbstverständlich hatte meine Mutter auch irgendwann einmal den Führerschein gemacht und besitzt eine Fahrlizenz.

Aber de facto auf das Beispielhafte heruntergebrochen schaute es bei meinen Eltern immer so aus: Mama ließ Papa nicht mal Essen auf dem Herd aufwärmen und Papa ließ Mama nicht ans Steuer.

Nach einem einschneidenden Ereignis vor zehn Jahren – beide mussten wegen eines Unfalls getrennt voneinander zwei Wochen alleine zurechtkommen – nahmen sich damals zwar beide vor, jeweils von der spezifischen Kompetenz des anderen zu lernen. Mein Vater wollte endlich auch mal Nudeln kochen lernen (»Welchen Kochtopf brauche ich dazu?«), und meine Mutter wollte endlich auch mal unabhängig eigene Ziele mit dem Wagen erreichen können (»Ich hab bloß vergessen, was das mit der Kupplung auf sich hat«).

Aber das blieb alles nur kurze Zeit reiner Vorsatz, der sehr schnell nach der Rückkehr in den Alltag im Keim erstickte. Mama kochte weiter, Papa fuhr weiter. Und ich verschwendete keine Gedanken mehr daran, nachdem ich mir als junge Frau an solchen Diskussionen schon die Hörner abgestoßen hatte.

Von ganz wenigen Ausnahmen abgesehen (Löcher in die Wand bohren, nähen), ist das mit der Rollenverteilung bei mir und meinem Mann ganz anders. Er macht exzellente Salate und achtet bei der Essenszubereitung generell auf Kalorien. Ich fahre im Gegensatz zu ihm sehr gerne Auto. Es gab schon Tage, an denen ich 300 Kilometer mit meinem Mann auf dem Beifahrersitz gefahren bin und er hinterher für die Familie ein gesundes Abendessen, also Salat, zubereitet hat.

Wir haben uns darüber auch irgendwann kaum mehr Gedanken gemacht, spätestens nachdem die Frühsozialisation der Kids abgeschlossen war – unser »Laden« lief einfach in dieser bunten Mixtur. Der eine macht dies, die andere jenes. Ich koche gerne fettes Gulasch, er bereitet gerne vegetarische Gemüsepfannen zu. Ich stehe eher auf einen Benz, mein Mann schwört auf einen Fiat 500. Nur wer die Wohnung dann letztendlich putzt, ist ein never-ending Thema, weil mein Mann doch voller Inbrunst und mit seinen Rehaugen erklärt: »Mach ich doch!«, aber *ich* davon überzeugt bin, gefühlt 299,9 Prozent davon zu erledigen. Aber gut, männliche und weibliche Wahrnehmung bezüglich Reinhaltung der Wohnung sind ein eigenes Buch wert (bereits geschrieben, soll aber keine Schleichwerbung sein: *Ohne meinen Mann wär ich glücklich verheiratet*).

Und dann stehst du plötzlich vor einer Reha-Ärztin, die dir erklärt: »Ihr Vater darf nicht mehr Auto fahren, die Untersuchungen zeigen ein viel zu verzögertes Reaktionsvermögen, und auch die räumliche Orientierung ist sehr beeinträchtigt.«

Ich nicke. »Ja, uns war auch schon länger dabei unwohl. Mama sagte auch, er hat schon Straßenschilder übersehen.«

»Sehr gut, wenn Ihre Mutter nun diese Aufgabe übernimmt!«, lächelt die freundliche Ärztin.

»Ähm … nein«, erkläre ich, »das sagte meine Mutter nur als Beifahrerin. Sie selbst wäre viel zu aufgeregt, um jetzt nach 50 Jahren mit null Autokilometern noch einmal sicher einen Wagen lenken zu können.«

Verächtlich blickt mich die Ärztin an. »Meine Mutter ist da emanzipierter … Wie auch immer. Unter dem Sicherheitsaspekt muss ich aber weitere Fahrten verbieten. Ihr Vater gefährdet nicht nur sich, sondern auch andere.«

Das verstehe ich natürlich. Selbstverständlich darf nicht passieren, dass Papa beispielsweise zu spät auf ein auf die Straße laufendes Kind reagiert. Aber ich weiß zugleich auch, wie wichtig es meinem Vater ist, jederzeit mobil zu sein – in einer Kleinstadt, wo meine Eltern leben, ohne die Möglichkeiten des öffentlichen Nahverkehrs, hat das Auto auch noch einmal eine ganz andere Bedeutung. Am Ort meiner Eltern gibt es zudem auch mal gerade ein einziges Taxiunternehmen, das aber nur nach Vorbestellung am Tag zuvor befördert. Ganz zu schweigen davon, dass Taxifahren für meine Eltern ein ähnlicher Luxus wäre wie eine Kreuzschifffahrt.

»Verstehen Sie?«, fragt die Reha-Ärztin eindringlich.

Natürlich verstehe ich, ich bin doch nicht blöd! Ich ärgere mich nur maßlos über ihr »Angeben« mit der Emanzipiertheit ihrer Mutter. Und ich überlege, was das mit dem Fahrverbot für Papa bedeuten wird. Wie sehr wird ihn das treffen! Plötzlich auf dem Alten-Abstellgleis seiner mobilen Freiheit beraubt zu sein. Und das, obwohl ihm der Wagen, seit Jahrzehnten ein Renault und nicht mal ein Benz oder so, nicht mal ein Fetisch war. Aber er bedeutet eben: jederzeit überall hinkommen zu können und nicht auf andere angewiesen zu sein oder daheimbleiben zu müssen.

»Ich habe schon mit Ihrem Vater darüber gesprochen, er hat das auch sofort akzeptiert«, meint die Ärztin weiter.

Ui, da bin ich aber erstaunt und froh und wundere mich still und heimlich. Ich hätte da größere Widerstände vermutet.

»Ist auch gut so, wenn dieses patriarchale Gehabe mit PS als Potenzersatz mal in die Schranken gewiesen wird«, führt die Ärztin weiter aus.

Was? Diese Aussage ärgert mich schon wieder maßlos – auch wenn ich selbst sie vor dreißig Jahren vielleicht ähnlich von mir gegeben haben könnte.

Was glaubt diese Ärztin eigentlich, wer sie ist? Mein Vater war immer schon ein völlig unautoritärer Typ und keinesfalls einer, der den Renault als »Potenzersatz« sah. Auch wenn die Rollenverteilung meiner Eltern – um das mal so zu nennen – schon gehörig in den Fünfzigerjahren des vergangenen Jahrhunderts stehen geblieben ist.

Aber stecken wir nicht alle irgendwie in den jeweiligen Rollenmustern unserer Zeit? In unserer Generation wäre es umgekehrt peinlich, wenn jemand erzählte: »Ich koche, mache die Wäsche und kümmere mich ganz alleine um die Kinder. Mein Mann verdient das Geld, fährt einen dicken BMW und lässt für uns ein Haus in Schwaben bauen.«

Aber gut beziehungsweise ungut. Ich muss diesen unverschämten Satz der Ärztin einfach aus dem Kopf bekommen: »Ist auch gut so, wenn dieses patriarchale Gehabe mit PS als Potenzersatz mal in die Schranken gewiesen wird.« Ich muss ihn als Einzelaussage einer blöden Ärztin werten. Hauptsache, sie hat Papa davon überzeugt, sich nicht wieder hinter das Steuer zu setzen, und mit ihrer medizinischen Autorität Einsicht erzeugt.

»Ach so, das meinst du!«, erklärt mein Vater, nachdem ich ihn darauf anspreche. »Lass die doch reden, was die wollen. Selbstverständlich kann ich noch Auto fahren!«

»Papa!«, schreie ich fast auf. »Nein, das geht nicht mehr!«

»Und warum nicht mehr?«

»Weil … weil … die Untersuchungen ergeben haben, dass dein Reaktionsvermögen nicht mehr gut genug ist!«

»Wer sagt das?«

»Die Ärzte!«

»Und du traust denen, die doch nur ein Geschäft mit uns machen wollen? Die Operationen nach Auslastungen planen, damit sie Betten in den Kliniken belegen können?«

»Aber in diesem Fall, Papa, da gibt es nicht viel zu deuteln …«

»Gibt es auch nicht, denn ich weiß selbst, was ich kann. Und ich kann Auto fahren.«

»So gut wie Spiegeleier braten?«, scherze ich. Doch der Witz kommt gar nicht gut an.

Und ich verstehe Papa dabei sogar mehr, als ich sagen kann. Er kämpft um seine Eigenständigkeit, seine Unabhängigkeit und seine Freiheit.

Was würde ich tun, wenn mir jemand mein Fahrrad, mein Fortbewegungsmittel Nummer eins, nehmen wollte? Ja, ich würde auch auf die Barrikaden gehen und eher glauben, die Welt sei nicht ganz dicht, als an meinem Vermögen zur Verkehrssicherheit zu zweifeln.

Na ja, der Vergleich hinkt ein wenig. Bei Papa gibt es objektive Gründe, jetzt und sofort das Autofahren zu verhindern. Als alte »Rebellin« darf ich nicht rein aus Trotz wegen der blöden Ärztin gemeinsam mit Papa heimlich gemeinsame Sache gegen richtige oder falsche Autoritäten machen. Es ist schlichtweg objektiv richtig, dass er keinen Wagen mehr lenken soll. Das muss ich ihm schonend beibringen.

Doch keine weitere noch so einfühlsame Erklärung hilft. Papa beharrt darauf, nach wie vor ein guter Fahrer zu sein. Und ich kriege doch wieder Skrupel, ihm diese Freiheit zu rauben, also die Möglichkeit dieser Freiheit.

Bis er sich eines Nachts in die Garage stiehlt und mit dem Renault zur Kirche des Nachbarorts fährt, nachts um vier Uhr. Eine Kirche, die früher an diesem Wochentag für eine Nachtanbetung geöffnet hatte, aber längst für Gottesdienste dieser Art geschlossen hat. Ein guter Freund der Familie, der als Bäcker um diese Uhrzeit unterwegs zum Arbeitsplatz ist, sieht meinen Vater fahren, ein Stoppschild an einer Kreuzung völlig ignorierend. Um fünf Uhr morgens klingelt mich ein Pfarrer aus dem Schlaf. Sei ich die Tochter, die in der Börse meines Vaters angegeben ist? Er habe meinen Papa als »verlorenes Schaf« vor seiner Kirche gefunden, rein zufällig, weil er nicht habe schlafen können und zum Gotteshaus unterwegs gewesen sei, und da habe der alte Mann gestanden und nicht mehr gewusst, wieso und warum und wie er überhaupt dorthin gekommen sei. In der Nähe ein Renault, von dem er sich aber nicht vorstellen könne, dass mein Vater noch in der Lage sei, diesen zu lenken.

Am nächsten Tag verstecken wir die Autoschlüssel – so sicher, dass mein Mann und ich sie selbst nach vier Wochen nicht mehr finden …

Und wiederum etwas später erzählt mir die nette Mitarbeiterin vom Seniorenzentrum des Ortes, dass »Autofahren« bei Männern ein bekanntes Phänomen sei. Am schlimmsten sei ihr in Erinnerung, wie ein ehemaliger Fahrlehrer die »Residenz« bezog und seinen Fahrzeugen regelrecht nachweinte. Um dem alten Mann noch einen so großen Teil seiner Würde wie möglich zu lassen, ging eine Pflegerin der Einrichtung jeden Tag mit ihm zu ihrem eigenen Wagen und simulierte, von ihm eine erste Einweisung für eine Fahrstunde erhalten zu wollen. Nach nur zehn Minuten Grundsatzerklärungen blühte der Mann auf, und der Tag war für ihn gerettet.

Gut, dass mein Papa im aktiven Berufsleben mal Lehrer gewesen ist. Es war deutlich einfacher, ihn zu ermuntern, anderen Sprachkenntnisse zu vermitteln, als immer wieder Erklärungen zu liefern, warum sich die Autoschlüssel im Haus einfach nicht mehr finden ließen.

SCHOKOLADENSEITEN
DER FAMILIENBANDE

Wie vermutlich fast jeder Mensch träume ich bisweilen insgeheim davon, noch einmal richtig reich zu werden. Ich würde mir eine Villa am Starnberger See kaufen, mindestens drei Pferde halten, einen Gärtner und eine Haushälterin anstellen und mir nicht nur einen Rolls-Royce – selbstverständlich mit Chauffeur – zulegen, sondern auch einen Privatjet (ja, ja, ich weiß, die Umweltsünden, aber im Traum gibt es bisher noch keine schädlichen Emissionen. Die Kunst des Träumens besteht ja darin, den Pragmatismus zu verbannen und einfach mal alles frei flottieren zu lassen).

Reich könnte ich durch einen Lottogewinn werden oder durch das unverhoffte Erbe einer mir bisher unbekannten Erbtante in den USA oder indem ich in irgendeinem Wald einen Schatz finde. Na ja, Sie sehen schon – die Wahrscheinlichkeit ist nicht sehr hoch. Aber wenn ich eh schon Luftschlösser baue: Am liebsten würde ich aus eigener Kraft reich werden, also nicht auf einen Lottogewinn, eine Erbtante oder einen verborgenen Schatz im Wald angewiesen sein, sondern beispielsweise mit der Patentanmeldung einer genialen Idee abkassieren. Was haben männliche Tüftler aus Deutschland schon alles erfunden: Die Mundharmonika (1821), die Glühbirne (1854), den Dynamo (1866), die Straßenbahn (1881), das Automobil (1886), den Plattenspieler (1887), das Aspirin (1879), die Thermosflasche (1903), die Zahnpasta (1907), den Teebeutel (1929), den Computer (1941), die Pille (1961) und das MP3-Format (1987).

Sind diese Erfindungen nicht legendär? Kann ich hier und heute als Frau nicht an diese Tradition anknüpfen? Ich hatte jedenfalls neulich eine bombastische Idee!

Weil sich geniale Ideen nicht so ganz einfach schildern lassen, muss ich kurz ausholen: Beim Kinderkriegen denkt frau ja an so einiges: Ist der Typ, mit dem ich da im Bett gewesen bin, ein guter Vater, und wenn ja, warum nicht gleich für mehrere? Soll ich ihn deshalb auch heiraten? Wie verdiene ich noch meine Kohle, wenn ich keinen Krippenplatz bekomme oder haben will? Was wird aus meinem Citroën, in den kein Kinderwagen passt? Wie kriege ich nach der Schwangerschaft jemals wieder meine Figur zurück? Muss ich dann zu Elternabenden an Schulen, von denen meine Freundinnen wie von Höllentrips erzählen? Woher weiß ich, ob dieser Embryo in meinem Bauch sich nicht eines Tages ein Schlagzeug kauft und Musiker werden will, in der Großstadtwohnung mit den Gipskartonwänden neben meinem Schlafzimmer übend? Werde ich eine gute Mutter sein? Soll ich jetzt eine Lebensversicherung abschließen, einen Bausparer anlegen und mein Testament machen? In welcher Farbe soll ich das Kinderzimmer streichen? Gelingt es mir, das Baby ab dem ersten Tag zum Lang- und vor allem Durchschläfer zu erziehen?

Mein Mann, der sich zwar an die Fußballergebnisse der ersten Liga anno 1983 erinnert, aber die Namen aller Leute, die nicht in gerader Linie mit ihm verwandt sind, vergisst, behauptete damals, ich sei eine Perfektionistin. Man könne doch nicht an alles vorher denken, es komme halt, wie es komme, und es würde schon irgendwie gehen. »Irgendwie gehen« sah dann so aus, dass ich mit Kleinkindern »irgendwie« den Job und den Nachwuchs unter einen Hut zu kriegen hatte, während ihn plötzlich völlig unaufschiebbare Aufgaben für Jahre ans Büro fesselten, selbstverständlich auch abends und an den Wochenenden. Was hatte der gute Mann plötzlich für Überstunden zu erledigen und konnte leider, leider erst heimkommen, wenn die Kinder bereits mit geputzten Zähnen im Bett lagen. Waren die Kleinen krank, litt der liebe Kerl gleich so mit dem Nachwuchs, dass er sich eine doppelt so schlimme Männergrippe einhandelte und unverzüglich selbst auch mitgepflegt werden musste, denn *meine* Erkältungsviren waren ganz eindeutig wesentlich harmloser als die des Restes der Familie, weshalb ich noch allen Wadenwickel machte, Hühnersuppe kochte und Medikamente verabreichte, auch wenn ich selbst schon mindestens 50 Grad Fieber hatte. Ganz ähnlich verhielt es sich dann auch mit Elternabenden an der Schule, von denen mein Mann sage und schreibe (halten Sie sich fest!) ganze zwei besuchte. Also für jedes Kind in zehn beziehungsweise zwölf Schuljahren jeweils exakt einen. Um dann auf Evas Schulabschlussfeier kundzugeben, dass »Elternabende ja gar nicht so schlimm sind wie ihr Ruf!« – und ich plötzlich verstand, warum manchmal nur ein einziger Satz des Partners reicht, um Mordfantasien zu bekommen.

Ich bin ja nicht nachtragend, aber … Lassen wir das lieber, sonst lässt sich mein Beziehungsstatus nur wieder in der Facebook-Sprache mit »Es ist kompliziert« wiedergeben. Und, okay, ich gebe zu: Als die Kinder größer waren und schon selbst kochen konnten, war es auch keine Schwierigkeit mehr, eine Woche auf Geschäftsreise zu gehen … Also ich muss jetzt wirklich aufhören, sonst bekommt die Leserin ja noch den Eindruck, mein Mann hätte sich um die Erziehung gedrückt! Dabei hat er unseren Kindern auch etwas mitgegeben – Lukas beispielsweise kennt jetzt auch sämtliche Ergebnisse der ersten Fußballbundesliga von 1983!

Gut, also wirklich gut war aber, dass meine Eltern mich so zuverlässig unterstützten. Was war ich damals froh, wenn Eva und Lukas am Wochenende bei meinen Eltern waren und ich die Büroarbeit nachholen oder auch mal richtig schön ausgehen konnte – und noch viel mehr, wenn sich Oma und Opa um die Kleinen kümmerten, wenn diese weder Kindergarten noch Schule besuchen konnten, weil sie mal wieder krank waren, und ich auf Geschäftsreise musste. Mein Vater sagte dazu gerne: »Das ist eine Win-win-Situation für alle: Du und Alex habt mal kinderfrei, wir freuen uns über die Zeit mit den Enkeln, und Lukas und Eva genießen es, zwischendurch so richtig von uns verzogen zu werden.«

Großeltern und Enkel verstanden sich auch prächtig – wie immer gab es nur mit mir etwas Trouble –, wenn die Ernährung beispielsweise zu 95 Prozent aus Schokolade bestand oder »zu viel Medienkonsum« von den Großeltern als »aufgebauschtes Problem« abgetan wurde – schließlich hätten wir als Kinder auch schon hundert Prozent mehr Zeit vor der Glotze verbracht als Oma und Opa. (Kunststück! Zu deren Kindheit war der Fernseher noch gar kein Thema – zwar gab es 1930 schon das erste Modell, aber bis das Teil Einzug in herkömmliche Haushalte hielt, vergingen noch Jahrzehnte.) Insgesamt aber gab es keine großen Differenzen, und ich schätzte mich immer wieder glücklich, Oma und Opa wenigstens in hundert Kilometer Nähe und nicht in Australien zu haben.

Als die Krankheiten meiner Eltern losgingen und sich alles dramatisch innerhalb von nur zwei Wochen verschlechterte, waren Eva und Lukas gerade ausgezogen. Sie hatten sich zwei Monate zuvor verabschiedet, und das Leere-Nest-Syndrom fing schon an, sich bei uns einzunisten. Sogar mein Mann bemerkte: »Da fehlt doch irgendwas.« Aber der »zweite Babyblues« hatte dann doch keine Chance in unserem Haushalt, denn plötzlich standen wieder Schlag auf Schlag familiäre Verpflichtungen an, fast wie zur Kleinkindzeit von Eva und Lukas. Da Eltern-Krankheiten nicht planbar sind, musste ich auch wieder urplötzlich früher aus dem Büro weg und telefonierte mit Ärzten, Nachbarn und Freunden. Kochen daheim fiel komplett aus, ich war stundenlang auf Autobahnen und kannte irgendwann gefühlt jede Klinik Bayerns von innen. »Nebenbei« war auch der Haushalt der Eltern zu erledigen – in Form von zu bezahlenden Rechnungen, zu koordinierenden Handwerkern oder einem zu befüllenden Kühlschrank … um nur einige Beispiele zu nennen.

Und plötzlich sprangen sie uns unterstützend bei – meine großen Kinder. Sie griffen uns unter die Arme, wenn ich nicht mehr wusste, wo mir der Kopf stand, erschöpft war und Hilfe brauchte. Gerechterweise sei hier hinzugefügt: Auch mein Mann war nicht mehr vom Büro verschluckt, und auch die Kinder fuhren mich ins Krankenhaus, sie hielten den Garten der Eltern in Schuss, sie räumten mit mir den Keller aus, halfen beim anfallenden Papierkram und brachten mir Essen vorbei (»Damit du auch mal wieder was Warmes hast«), wenn sie gerade nicht ohnehin wieder vorübergehend bei uns hausten, wie Eva auf der Suche nach einem WG-Zimmer. Dabei hatte ich gar nicht damit gerechnet, so eine Unterstützung zu erhalten von den »kleinen Großen«. »Das machen wir gerne«, behaupteten sie sogar. »Oma und Opa haben ja auch viel für uns getan.« Also, das »gerne« kaufte ich ihnen nicht wirklich ab – geht ein Zwanzigjähriger abends lieber auf eine Intensivstation oder in einen Klub? Aber ich nahm es dankbar an als das, was es wohl bedeutete: »Wir helfen selbstverständlich, mach dir keine Gedanken darüber, dass du die Hilfe beanspruchst.«

Uff, kann ich da nur sagen, bei mir ging es gerade noch einmal gut aus. Ich könnte jetzt behaupten, das hätte ich perfekt getimt. Erst die Kinder, dann die Eltern. Und ich könnte auch behaupten, durch die Kinderbetreuung seitens der Großeltern wäre der Grundstein für eine spätere Nähe entstanden, durch die sich die kleinen Großen in der familiären Pflicht sahen.

Aber es war natürlich reiner Zufall. Dass die Eltern erst so krank wurden, als die Kinder schon groß und ausgezogen waren. Dass es keine Verwerfungen zwischen den Generationen gab. Dass Sohn und Tochter nicht auf einem Egotrip waren oder so weit weg wohnten, dass sie gar nicht helfen konnten. Und dass Sohn und Tochter weiter ihren heimlichen Spaß mit Oma und Opa hatten (aber ich drückte selbstverständlich großzügig alle Augen dabei zu): Eva und Lukas steckten meinem Vater, der

Süßigkeiten liebt, konspirativ immer Schokolade zu, die mein Vater dann zum Leidwesen der Pfleger heimlich vor den Mahlzeiten aß.

Denn an eins dachte ich damals nie und nimmer in der Schwangerschaft – wie würde der Nachwuchs später mal mit den alternden Eltern kompatibel sein? Von wegen, ich sei Perfektionistin! Mein Mann hat entschieden unrecht! Irgendwie hatte meine Fantasie nicht dazu gereicht, mir auszumalen, wie das mal werden würde, wenn die Eltern Hilfe brauchten. Ich war ja sogar unfähig, das Kinderkriegen so zu timen, dass die Erziehungsaufgaben wieder entfallen, wenn ich eines Tages meine Zeit für meine alten Eltern brauche – es war schierer Zufall, dass sich das bei uns so ergab, und keinesfalls sorgfältig geplant.

Frau, also ich, müsste – das war nun meine geniale Idee – nicht so viel dem Zufall überlassen, sondern schon rechtzeitig, am besten noch vor dem Kriegen eigener Kinder, etwas erfinden, um später einen guten Generationenmix zu erhalten. Wir kaufen doch auch rechtzeitig ein, wenn wir kochen wollen, und wir suchen uns auch gute Rezepte, wenn wir etwas Neues ausprobieren wollen. Warum nicht analog dazu in diesem viel wichtigeren Bereich vorsorgen?

»Wie soll das gehen?«, fragen Sie zu Recht. Eben! Bisher fehlt dazu noch die geeignete Erfindung. Aber da will ich Abhilfe schaffen: Ich werde einen Schnelltest erfinden, bei dem man schon vor der Zeugung ablesen kann, wie Enkel und Großeltern später mal zusammenpassen. An der pragmatischen Umsetzung arbeite ich natürlich noch. Aber große Erfindungen brauchten alle ihre Zeit. Es fehlt zwar noch etwas, also eigentlich das Entscheidende, aber in meiner Fantasie ist schon alles vorhanden – vor allem auch schon die Belohnung hinterher, die Villa am Starnberger See! Bis dahin muss ich mich nur noch im realen Leben über den Erfindergeist meiner Youngster und den Gatten in puncto Hilfestellung freuen – und ja, mich um die Alten kümmern!

SOMMER, SONNE, SCHLAFANZUG

Als Kinder saugen wir Papas oder Mamas Vorlieben wie ein Schwamm auf – wir wissen, dass Grießbrei und Gulasch ihre Lieblingsspeisen sind, warum nur ein Renault vernünftig zu fahren ist, wieso nur ein Leben auf dem Land infrage kommt, welche Fernsehsendung niemals ausfallen darf und wieso nur eine selbst gemachte Heidelbeertorte wirklich gut schmeckt. Also, das sind jetzt selbstverständlich nur Beispiele aus meiner Familie – anderswo können die Lieblingsspeisen auch Gemüsesuppe und Karpfen und die Automarke im Gegensatz zu einem teuren Rennrad völlig irrelevant sein. Zu einem Leben in der Stadt gibt es dann eventuell keine Alternative, ein Spaziergang hat eine bessere Reputation als jede Fernsehsendung, und wer den guten Kuchen vom Konditor am Ort ignoriert und selbst zu einer Rührschüssel oder einer Backform greift, gilt als ein Idiot.

Später, in der Pubertät, erkennen wir unsere Alten bisweilen besser als sie sich selbst – heranwachsende Jugendliche haben die besondere Gabe, die wundesten Punkte der Elternteile zu erspüren und sie ihnen je nach Temperament auch an den Kopf zu knallen.

Mit beiläufigen Statements habe ich damals meine Mutter so sehr verletzt, dass sie in Tränen ausbrach. Mit beiläufigen Statements haben meine Kinder mich später wiederum so sehr verletzt, dass ich heulend aus der Wohnung geflüchtet bin. Den jeweiligen Inhalt dieser Aussagen gebe ich jetzt hier nicht wieder, denn damit würde ich das Intimste verraten, also Dinge, die nicht mal der Partner oder die besten Freundinnen kennen. Nur eins möchte ich hier und sofort auf der Stelle klarstellen: Meine Tochter Eva täuschte sich gründlich, als sie behauptete, ich würde mit zunehmenden Alter immer mehr wie die Oma, also meine Mutter, werden, da sich mein Modeverständnis immer mehr einenge. Nie und nimmer! Ich bin für alles offen und lehne nur ganz bescheuerte Trends wie Röcke tragende Männer ab. Oder Beige als Blusenfarbe oder … also … ähm … vielleicht werde ich doch ein bisschen wie Mama … ähm … oder vielleicht sogar nicht nur ein bisschen – aber es gibt einfach Dinge, die kann man nicht mal vor sich selbst zugeben!

Aber wie auch immer: Wir wissen als Kinder und Jugendliche, solange wir im Haushalt der Eltern leben, über alles Mögliche der Eltern genau Bescheid. Wir kennen ihre Lieblingsklamotten, ihre Schuhgrößen und bevorzugte Unterwäschefarbe (Weiß, Weiß, Weiß!). Mit in die Wiege gelegt wurden mir außerdem die »No-Gos« der Mama wie »Du kannst doch nicht einen blauen Binder zu einem grünen Anzug tragen!«. Denn abgesehen von Schlafanzügen oder Freizeitkleidung im eigenen Haushalt lag bei uns die Deutungshoheit des Dresscodes ganz entschieden und eindeutig nur bei meiner Mutter.

Dreißig Jahre später wissen wir zwar immer noch, wie sich unsere Eltern kleiden, denn im Normalfall sehen wir sie ja einigermaßen angezogen und regelmäßig. Aber ob Papa jetzt einen dunkelblauen oder dunkelgrauen Wintermantel im Alltag trägt – ich wüsste es nicht mehr. Dafür fehlt vielleicht aber auch nur mir, untypisch für Töchter, die Wahrnehmung. Ab einem bestimmten Alter, von dem ich nicht mehr weiß, wann es begann, habe ich die Kleidung meiner Eltern eigentlich nur noch wahrgenommen, wenn mich meine Mutter direkt danach fragte: »Und, wie findest du meinen neuen Pulli?« Oder: »Meinst du nicht, der

Papa sollte endlich mal die neuen Hosenträger mit den Hirschen darauf tragen?«

Irgendwann im Laufe meiner weiteren Erwachsenenjahre habe ich jedenfalls den Überblick über Röcke, Anzüge, Schuhgrößen und Lieblingsstücke der Alten verloren. Weg, weg, weg – und ich hatte noch nicht mal mehr ein Bewusstsein davon, was für eine große Alltagslücke sich zwischen uns zunehmend auftat. Zumal sich auch noch bestimmte Größen und Vorlieben meiner Eltern hinter meinem Rücken heimlich änderten. Wer rechnet schon damit, dass der Vater plötzlich lieber Thermojacken statt Trachtenjanker trägt? Welche Tochter hat schon auf dem Radar, dass Mama plötzlich bei der Unterwäsche nur noch auf Naturtextilien schwört?

Das alles wurde mir aber erst im Nachhinein klar.

Zuvor wurde ich eiskalt erwischt. Eiskalt. Mitten im Sommer.

Es warf mich regelrecht aus der Bahn – warum, verstehe ich erst jetzt.

Da war die Frage einer Sprechstundenhilfe: »Ihre Mutter bräuchte Diabetiker-Sandalen. Welche Schuhgröße hat sie?«

Da war die Frage einer lieben Nachbarin: »Ich würde deinem Papa gerne eine Jacke aus dem Ausverkauf unseres Ladens mitbringen. Welche Farbe mag er denn am liebsten?«

Und dann war da noch die Frage aus der Reha, in die mein Vater drei Tage zuvor gebracht worden war, die aus heiterem Himmel wie ein Blitz in mich einschlug: »Welche Windelgröße hat Ihr Vater?«

»Welche Windelgröße hat Ihr Vater?« – Diese Frage muss frau sich mal richtig auf der Zunge zergehen lassen. Mein Vater, der als kontinenter Mann drei Tage zuvor in die Einrichtung eingeliefert worden war, braucht Windeln? Windeln?!? Bis dato dachte ich bei diesem Begriff immer nur an Kinder, aber ganz, ganz, ganz bestimmt nicht an Erwachsene oder gar meine Eltern.

Windeln? Mein Papa? Der hatte doch *mir* als Kleinkind die Windeln gewechselt. Papa und Windeln – das passt in meinem Kopf so wenig zusammen wie Sommerferien und Skifahren. »Das haut sich einfach nicht«, wie mein Sohn Lukas sagen würde.

»Welche Windelgröße hat Ihr Vater?« – Irgendwann hatte ich mich von dem Schock dieser Frage erholt und konnte zurückschlagen: »Mein Vater braucht keine Windeln, und wenn er sie braucht, dann liegt es an Ihrer beschissenen Institution!«

Das war natürlich höchst undiplomatisch und wenig kooperativ (also nicht zu empfehlen!), aber bei mir ließ es erst mal Dampf ab.

Die Schwester ruderte auch schnell zurück: »Ach so, Ihr Vater ist noch selbstständig – entschuldigen Sie, wir fragen das nur routinemäßig ab.«

Was meinen Adrenalinpegel wiederum in die Höhe schnellen ließ – wäre da keine Angehörige, die berichtigend eingreifen konnte, wäre ein alter Mensch einfach diesem Betrieb ausgeliefert und bekäme womöglich Windeln verpasst. Nicht alle haben Kinder oder sonstige Angehörige, die liebevoll »korrigieren«. Wie geht es eigentlich diesen Menschen, wenn sie in so eine Medizin-Maschinerie geraten? Oder bin ich zu ungerecht gegenüber den Pflegern, die doch in ihrer personellen Not einfach wenig Rücksicht auf individuelle Zustände nehmen können? Woher sollen sie auch wissen, wann welcher Senior auf welchem Stand ist? Also wer noch wie mein Vater damals alleine Fahrrad fahren kann und keine Windeln braucht oder wer daheim längst eine Gummimatte unter dem Bettlaken hat?

Noch während ich überlege, ob mir meine Ruppigkeit jetzt peinlich sein sollte, ruft meine Mama aus dem Krankenhaus an. »Frag doch, ob Papa da auch mal rausdarf, sodass ihr mich mal zusammen besuchen könnt!«

Gute Idee. Eine Reha ist ja schließlich keine geschlossene Anstalt.

»Klar«, erklärt die Schwester freundlich, »wenn es nicht gerade zu Anwendungszeiten ist.« Und so vereinbaren wir einen »Ausflug« zu einem gemeinsamen Besuch bei meiner Mutter am Wochenende.

Es ist ein heißer Augusttag, und wir holen Papa aus der Reha ab, um mit ihm zu Mama ins Krankenhaus zu fahren. Papa kommt uns fertig angezogen entgegen – in einem flotten, leichten, weißen Sommeranzug. Das Outfit hat er selbst zusammengestellt, ohne Mamas Hilfe!

Wow! Das sieht richtig schick aus! Ich wusste gar nicht, dass Papa mittlerweile solche Klamotten besitzt und trägt. Da wird sich Mama aber freuen, wie fesch sich Papa ganz ohne ihre Regie gemacht hat, auch wenn vielleicht das Reha-Personal etwas mitgeholfen hat, nachdem ich dort so auf den Putz gehauen habe und sie nun begriffen haben, wie fit Papa noch ist.

Mein Mann und ich fahren in dunkler Kleidung schwitzend (denn Papa mag keine Klimaanlage, schon gar nicht in einem Auto, der Luftzug würde nur krank machen) zum Krankenhaus, in dem Mama liegt. Auf der Fahrt blickt mein Vater nur manchmal etwas verwundert auf sein Outfit. Falls ich überhaupt etwas denke, deute ich das einfach als »Zurechtfinden in der Hitze«. Aber ganz ehrlich – eigentlich habe ich damals auf der Fahrt gar nichts weiter gedacht und ging an diesem Hochsommertag schließlich ziemlich vergnügt mit Papa im weißen Anzug zu Mama ins Krankenhaus.

Als sie uns sieht, freut sie sich ungemein.

»Wie schön, dass ihr kommt!«

Nur einen Augenblick später erleidet ihre Freude plötzlich erhebliche, deutlich sichtbare Einbußen. Die Mundwinkel sinken wie bei einer Marionette gesteuert nach unten.

Ich verstehe nicht, warum.

»Gibt es eine schlimme neue Diagnose?«, frage ich behutsam.

»Nein!«

»Ist etwas passiert?«

»Nein!«

»Mama, was ist denn los?«

»Es ist alles gut!«

»Aber wieso schaust du dann so?«

»Nichts, es ist nichts!«

»Doch, da ist doch was!«

»Nicht wichtig!«

»Jetzt sag schon!«

»Also gut: Es ist ja schön, dass ihr kommt, aber warum hast du Papa im Schlafanzug gebracht, noch dazu im hässlichsten, den wir haben?«

»Das ist doch ein wunderbarer Sommeranzug!«, bemerkt mein Vater, um mir zur Seite zu springen, obwohl er selbst wohl jetzt erst so richtig begreift, was an seinem Outfit nicht stimmt. Er war es einfach sein Leben lang gewohnt, dass ihm Mama die Klamotten hergerichtet hat, ob Wintermäntel oder Schlafanzüge. Dass weder eine Reha-Schwester noch seine Tochter diesen »Anzug« richtig zuordnen konnten, ist ihm egal – aber nicht, wie sehr sich meine Mutter dafür schämt, in welchem Aufzug Papa hier durch die Eingangshalle geht und bei ihr auftaucht. Das Peinlichkeitsgefühl meiner Mutter springt auf mich über, obwohl ich mir vorsage: So auffällig kann das ja jetzt nicht sein, sonst hätte ich das schon bemerkt!

Aber trotzdem, in mir geht die Post ab: Was bist du nur für eine Rabentochter? Da bringst du den Papa zu deiner schwerkranken Mama *im Schlafanzug?* Was bist du nur für eine Tochter, die nicht einmal die Sommerkleidung des Vaters von einem Schlafanzug unterscheiden kann? Du weißt ja gar nichts mehr von deinen Eltern! Wie konntest du dich nur so weit entfernen und nicht mal mehr die Basics präsent haben? So, wie du die Reha-Tasche für Papa gepackt hast, so was von ignorant, ist es doch kein Wunder, wenn dich jemand nach der Windelgröße deines Vaters fragt! Nein, liebe Monika, mach dir nichts mehr vor – wärst du nur eine liebende Tochter und nicht so eine Familienversagerin, wäre alles gut und dein Papa würde nicht in einem Schlafanzug die kranke Mutter besuchen müssen. Es ist wirklich das Allerletzte, wie ignorant und herzlos du mit deinen Eltern umgehst. Die haben dich aufgezogen – und *so* zahlst du ihnen das heim? Die Welt hat wirklich schon viel gesehen, aber nicht so eine miese Tochter wie dich! Mit Trapattoni gesagt: »Ich habe fertig.«

Mein Mann in seiner ihm eigenen Feinfühligkeit will das Ausmaß des Dramas einfach nicht verstehen. Er schlägt vor: »Wenn das ein Schlafanzug ist, dann besorge ich halt schnell einen Sommeranzug, es sind ja genügend Geschäfte in der Nähe.«

Nach zwanzig Minuten ist er mit seiner Beute zurück, sogar in der richtigen Größe (hatte er die vorher heimlich abgesprochen mit meinem Vater? Oder ist er einfach ein besserer Vaterversteher?). Und sogleich wird das Outfit auch gewechselt. Zur Zufriedenheit meiner Mutter sitzt Papa jetzt in einem modischen Sommeranzug neben meiner Mutter am Krankenbett.

Bald darauf kommt der junge diensthabende Wochenendarzt zu einer Visite vorbei, spricht kurz mit Mama und bemerkt plötzlich abschließend nach einem musternden Blick zu meinem Vater: »So einen Sommeranzug aus Leinen suche ich schon die ganze Zeit! Wo haben Sie den denn her?«

»Von meinem Schwiegersohn«, erklärt mein Vater wahrheitsgemäß.

»H & M, fünfzig Euro, Sonderangebot«, liegt mir schon auf der Zunge, weil mein Mann einfach nur nach Sonderangeboten kauft und von Mode fast so wenig wie mein Vater versteht. Aber ich blicke zu Mama, die offenbar ihren Triumph genießt, dass ein junger Mann und noch dazu ein Arzt so begeistert ist von der Kleidung ihres 86-jährigen Ehemannes!

Nach einem Heimweg ohne Klimaanlage (der Zug!), einer erfreulichen Genesung und vier Wochen später kommt mein Vater von der Reha zurück, und ich packe seine Wäsche in den heimischen Schrank. Was aber fehlt: der neue Sommeranzug. Der ist auf der Reha verschollen – oder hat ihm den womöglich ein junger Arzt geklaut?

INTERVIEW
MIT EINEM VAMPIR

*Eine Stunde vor Sonnenaufgang treffe ich die »Blutgräfin«
Elisabeth Báthory in dem Zimmer eines Nobelhotels in San
Francisco. Sie wirkt um fünf Uhr morgens müde, bestellt sich aber
höflich einen Espresso mit mir und behauptet, wenn sie nicht läch-
le, liege es daran, dass sie ihre Zähne nicht gerne öffentlich zeige.
Die Eckzähne seien nämlich kariös geworden, nachdem sie sich
seit fast hundert Jahren fast nur noch von Süßigkeiten und nur
noch selten von Blut ernähre.*

MB
Vielen Dank, Gräfin Báthory, dass Sie sich die Zeit nehmen, sich
mit mir zu treffen!

GRÄFIN BÁTHORY
Gerne. Mir liegt ja auch dran, das Image von uns Vampiren ein
wenig zu korrigieren.

MB
Wie meinen Sie das?

GRÄFIN BÁTHORY
Na ja, das letzte Interview mit einem Kollegen liegt 44 Jahre zurück. Es wurde zwar später noch verfilmt, aber mit dem Film ist
das immer so eine Sache …

MB

… da wird einfach dramatisiert, um Spannung zu erzeugen, und wird damit der ursprünglichen Aussage nicht mehr gerecht.

GRÄFIN BÁTHORY *(will lachen, nimmt sich gerade noch zurück)*

Genau! Woher wissen Sie das?

MB

Na ja, ich habe auch lange als Drehbuchautorin gearbeitet. Aber das würde jetzt zu weit führen, über Film zu sprechen …

GRÄFIN BÁTHORY

Lassen Sie mich aber eins anmerken: Es ist jammerschade, dass River Phoenix nicht mehr in »Interview mit einem Vampir« mitspielen konnte. Er wäre eine Idealbesetzung gewesen, der Traum jedes weiblichen Vampirs.

MB

Er fiel Ihrer Zunft zum Opfer?

GRÄFIN BÁTHORY

Nein, nein, auch so ein gängiger Irrtum. Es waren Drogen. Schrecklich! So ein Talent und dann so früh gestorben.

MB

Sie sind ja sehr einfühlsam und haben Mitleid mit den Menschen. Das hätte ich gar nicht vermutet!

GRÄFIN BÁTHORY

Das wurde im letzten großen Interview aber auch schon thematisiert. Wissen Sie, über uns gibt es viele falsche Vorstellungen, Legenden und Mythen. Wir sind eine Projektionsfläche für alles Mögliche.

MB
Stichwort »falsche Vorstellungen« – mich interessiert Ihre Rolle im Wandel der Zeit.

GRÄFIN BÁTHORY
Rolle? Wir Vampire waren schon immer so, wie wir sind. Es geht ja eher darum, wie wir im Laufe der Zeit anders bewertet wurden, also welche Rollen uns zugeschrieben wurden und werden.

MB
Vampire werden als lichtscheue, nimmersatte, dämonische Gestalten und skrupellose Gesellen gesehen. Böse jedenfalls.

GRÄFIN BÁTHORY
Das dürfen Sie laut sagen! Gleich gefolgt vom Teufel gelten wir als etwas Unmenschliches und Böses. Als Wesen, die buchstäblich über Leichen gehen.

MB
Aber ist es nicht so?

GRÄFIN BÁTHORY
Zu einem gewissen Teil: ja. Wir sind selbstverständlich so eine Art natürlicher Feind der Menschen – aber nicht der lebenslustigen Menschen, da besteht ein Grundirrtum. Menschen haben außerdem noch viele andere natürliche Feinde – Löwen, Ängste, Drogen und Viren. Aber über uns kursieren die schlimmsten Vorstellungen.

MB
Sie treiben Ihr Unwesen oder Ihr Wesen, je nachdem, wie es betrachtet wird, aber auch schon seit mehreren Jahrhunderten …

GRÄFIN BÁTHORY

… Löwen, Ängste und Viren auch. Das ist kein Argument. Und außerdem sind wir seit einigen Jahrzehnten, wenn nicht über ein Jahrhundert, out. Oder wissen Sie von Fällen wie noch im 19. Jahrhundert, wo man Knoblauch in die Eingangstüre hing, um gleich zu zeigen, dass wir hier nicht willkommen sind?

MB

In der Literatur lebten Sie aber weiter, als der Volksglaube nachließ.

GRÄFIN BÁTHORY

Ja, und auch im Film – und da kam man unserem Wesenskern schon näher. Die Menschen sterben nicht ursächlich an uns, sondern mit uns.

MB

Wie meinen Sie das? Das verstehe ich nicht. Sie beißen gar nicht, Sie legen sich zum Sterben dazu?

GRÄFIN BÁTHORY *(lacht fast)*

Ihre Vorstellung ist ja fast kindlich. Nein, so einfach ist das nicht.

MB

Wie dann?

GRÄFIN BÁTHORY

Dazu muss ich etwas ausholen. Sie schreiben doch ein Buch hauptsächlich für Frauen?

MB

Ja, deswegen habe ich Sie um das Interview gebeten.

GRÄFIN BÁTHORY *(scherzt)*
Sie wollen jetzt aber nicht wissen, wie man ewig jung und – na ja – schön bleibt, oder? Ich feiere demnächst meinen 461. Geburtstag.

MB
Das gibt es ja nicht! Sie sehen höchstens, allerhöchstens wie vierzig aus!

GRÄFIN BÁTHORY *(wird unruhig, weil Licht durch einen Vorhangschlitz dringt, steht auf und zieht den Vorhang enger zu)*
Danke für die Blumen. Das höre ich gerne. Wenn da bloß das Problem mit den Zähnen nicht wäre … Aber lassen wir das. Kommen wir auf Ihr Anliegen zurück. Was wollten Sie noch mal wissen?

MB
Ihre Rolle im Laufe der Zeit …

GRÄFIN BÁTHORY *(lächelt)*
Früher waren wir eine leibhaftige Bedrohung, heute arbeiten wir versteckter, quasi undercover, von Ausnahmen abgesehen.

MB
Das verstehe ich nicht. Was meinen Sie?

GRÄFIN BÁTHORY
Wir haben uns neu erfunden und arbeiten jetzt subtiler, psychologischer. Wir saugen nicht mehr Blut, sondern die Energie unserer Opfer auf.

MB
Dann sind Sie gar keine reale Bedrohung mehr?

GRÄFIN BÁTHORY

Von wegen! Das bedeutet das noch lange nicht. Wir machen das jetzt nur nicht mehr so offensichtlich. Fledermäuse setzen wir beispielsweise nur noch in Ausnahmefällen ein, in Zusammenarbeit mit SARS-Viren. Normalerweise aber hinterlassen wir keine sichtbaren Spuren wie Bisswunden mehr.

MB

Aber wie kann ich mich dann vor Ihnen schützen?

GRÄFIN BÁTHORY

Das fragen Sie ausgerechnet *mich?*

MB

Wer wäre denn besser als Sie geeignet? Von Ihnen kriege ich die Informationen aus erster Hand und bin nicht auf Gerüchte angewiesen.

GRÄFIN BÁTHORY *(lacht)*

Sehr gut! Sie sind schön frech. Und damit haben Sie schon mal den ersten Vampirschutz überhaupt.

MB *(scherzt)*

Neben Knoblauch?

GRÄFIN BÁTHORY *(lacht)*

Der ist nur Mythos beziehungsweise hat die Knolle tatsächlich eine Krankheit verstärkt, die mit uns in Verbindung gebracht wurde, die Porphyrie, eine Stoffwechselstörung. Die Kranken haben eine Störung der Produktion des roten Blutfarbstoffes, die zu einer extremen Lichtempfindlichkeit führt. Dadurch häufen sich die biochemischen Grundprodukte zur Herstellung des Hämoglobins im Körper an, was zum Schrumpfen von Lippen und Gaumen und zu hervortretenden Zähnen führen kann, wobei die Zähne durch einen Belag immer blutrot gefärbt markant auffallen. So entsteht optisch der Eindruck, man habe es vermeintlich mit einem »Vampir« zu tun, der gerade eine »Blutmahlzeit« zu sich genommen hat. Und Knoblauch hat die Kranken noch kränker gemacht – also uns Vampiren den Garaus gemacht.

MB
Aha, interessanter Hintergrund. Und der ist jetzt keine Erfindung?

GRÄFIN BÁTHORY
Nein, das haben Wissenschaftler entdeckt, die unserem Mythos auf den Grund gehen wollten und eine rationale Erklärung gesucht haben.

MB
Also sind Sie doch nur ein Fantasiewesen?

GRÄFIN BÁTHORY
Nur wenn man es wortwörtlich nimmt. In jedem Mythos steckt ein wahrer Kern und eine erweiterte Realität. Oder sitze ich jetzt nicht leibhaftig vor Ihnen?

MB *(lächelt)*
Ja! Natürlich! Ich zweifle ja nicht an meinen Sinnen. Aber Sie verwirren mich!

GRÄFIN BÁTHORY *(wird wieder unruhig, weil erneut Licht durch einen Vorhangschlitz dringt, nestelt herum, entdeckt ein Rollo und lässt es herunter)*
Wir müssen uns beeilen, bald geht die Sonne auf, das vertrage ich nicht. Also wo waren wir stehen geblieben?

MB

In jedem Mythos steckt ein wahrer Kern – und ich weiß immer noch nicht, was Sie eigentlich meinen.

GRÄFIN BÁTHORY

Also … wir waren eine vom Aussterben bedrohte Spezies, bis wir uns dem Strukturwandel gestellt und uns angepasst haben.

MB

Strukturwandel?

GRÄFIN BÁTHORY

Ja, denn zunächst speisten wir uns vom Aberglauben, aber der wurde durch die Aufklärung ausgerottet, unaufhaltsam, rücksichtslos gegen uns. Und da standen wir halt vor der Frage: Was tun? Wir mussten mutieren, uns auf das Innere verlegen, nicht mehr auf Äußerlichkeiten. Wir mussten Blut metaphorisch saugen lernen. Also die Lebensenergie.

MB

Aber geht denn das so einfach?

GRÄFIN BÁTHORY

Natürlich nicht. Da waren wir uns aber schnell einig, also wir, die Reformfreudigen: Wir mussten uns in Anbetracht der neuen Lage auf Frauen spezialisieren.

MB

Wieso Frauen?

GRÄFIN BÁTHORY

Weil Frauen sich als Opfer einfach besser eignen als Männer. Und bevor Sie jetzt fragen: Nein, nicht weil sie körperlich unterlegen sind, sondern weil sie sich selbst auch ganz gerne seit der

Entstehung der bürgerlichen Gesellschaft in einem Opferstatus einrichten.

MB

Das klingt jetzt so, als seien wir Frauen schon wieder selbst schuld!

GRÄFIN BÁTHORY

Ein entschiedenes »Nein« dagegen! Jahrhunderte waren Frauen wirklich Opfer, und sie sind es auch heute noch in vielen Ländern der Welt. Und denken Sie erst einmal daran, was es gekostet hat, das Wahlrecht zu erkämpfen, sich scheiden lassen zu können oder das Recht auf Geburtenkontrolle zu erlangen. Eine rasante Entwicklung.

MB

Ja, wir haben das Korsett abgelegt und tragen Hosen, wenn wir wollen.

GRÄFIN BÁTHORY

Genau! Heute sind wir Bundeskanzler, und morgen werden wir noch Papst! Also falls wir das wollen und nicht auch noch die Kirche über Bord werfen. Deshalb mussten wir uns ja eine neue Strategie überlegen. Und da sind wir wieder bei dem Punkt: Wir Vampire saugen aus, wir brauchen Opfer – und die finden wir bei den Frauen am leichtesten. Auch wenn sich da gerade in den letzten Jahrzehnten wieder eine rasante Entwicklung gezeigt hat.

MB

Welche rasante Entwicklung?

GRÄFIN BÁTHORY

Noch vor ein paar Jahrzehnten, Jahren, konnten wir die Frauen mit ihrer Mutterrolle packen und sie aussaugen – wir machten einfach immer ein schlechtes Gewissen, dass sie weder den Kindern noch dem Job noch dem Mann gerecht würden. Und zack – schon waren sie ganz leichte Opfer, denen man die Energie rauben konnte. Ratzfatz hatten wir sie bei einem Burn-out, wie das heute heißt.

MB
Aber es ist immer noch verdammt schwer, alles unter einen Hut zu kriegen …

GRÄFIN BÁTHORY
Freilich! Aber die Frauen sind selbstbewusster geworden, sprechen darüber, und … tja, schon alleine deshalb kommen wir nicht mehr so leicht an sie ran. Sie fahren in Wellnessurlaub, erholen sich und sagen vor allem auch mal Nein zu Männern und Kindern, die ständig etwas von ihnen haben wollen.

MB
Hm, ja, das haben wir gelernt, wenn es damit auch beispielsweise bei mir bei den Kindern, die schon groß sind, noch etwas hapert. Ihnen kann ich zu wenig abschlagen. Aber …

GRÄFIN BÁTHORY
… aber? Ich höre! Da bin ich jetzt gespannt, ob wir das Gleiche meinen.

MB
Hm, also wenn ich ehrlich bin … mich beschäftigt gerade, dass mich das Kümmern um zwei mehr und mehr zum Pflegefall werdende Elternteile aufsaugt, ich bin an der Grenze …

GRÄFIN BÁTHORY (unterbricht mich)
Bingo! Da haben wir ja den Punkt! Sie sind ein Paradebeispiel für das, was ich meine.

MB

Ich versteh immer noch nicht ganz …

GRÄFIN BÁTHORY

Frauen sind zu emanzipiert geworden, zu selbstbewusst, was Kinder, Küche und Karriere angeht. Und damit für uns keine willigen Opfer mehr. Nur in einem Punkt kriegen wir sie wieder: Wenn es um die alternden Eltern geht und die Pflege, werden sie wieder zu kleinen Hascherln, die glauben, nicht alles zu geben und ihr eigenes Leben zu sehr in den Vordergrund zu rücken. Wann waren Sie zuletzt mit einer Freundin aus, essen?

MB

Das ist nun schon eine Weile her, ja … mir fehlt einfach die Zeit zwischen Job und Krankenhausbesuchen und …

GRÄFIN BÁTHORY

Sehen Sie! *Quod erat demonstrandum,* also was zu beweisen war. So steuern Sie jetzt schnurstracks auf einen Burn-out zu – um nicht zu sagen, Sie fallen in unsere Hände oder vielmehr unser Gebiss.

MB

Sie haben leicht reden mit Ihrer ewigen Jugend ohne Gebrechen Ihrer älter werdenden Eltern!

GRÄFIN BÁTHORY

Das ist Whataboutism. Nein, meine Liebe, lenken Sie nicht ab. Es geht um etwas anderes. Mit den Kindern haben Sie und Ihre Generation sich emanzipiert und lassen sich nicht mehr einreden, eine schlechte Mutter zu sein, wenn Sie auf Ihre eigenen Bedürfnisse achten – bei den alternden Eltern greifen jedoch die alten Mechanismen noch, und Sie fühlen sich als schlechte Tochter, wenn Sie nicht alles geben, wenn Sie nicht perfekt sind. Wenn Sie nicht über Ihre Grenzen bis zur Selbstaufgabe gehen.

MB
Aber ich ziehe schon auch Grenzen …

GRÄFIN BÁTHORY
Welche denn? Ich gebe zu, ich hab Sie die letzten Tage mal beobachtet, weil ich wissen wollte, wer mich da interviewt. Sie haben es mir als Nachtaktive einfach gemacht. Sind abends noch mal zweihundert Kilometer weit gefahren, haben mit den Ärzten die Medikamentendosierung besprochen, die Küche im Haus der Eltern geputzt, auf dem Rückweg in einem Drive-in schnell Fast Food reingestopft, und nachts um zwei haben Sie noch Papiere der Krankenkasse geprüft, ehe der Wecker auf sieben Uhr gestellt wurde, um ins Büro zu gehen. Und dabei immer ein schlechtes Gewissen, dass Sie die armen Eltern vernachlässigen würden, weil Sie auch noch arbeiten und nicht 24/7 für sie da sind. Und jetzt erklären Sie mir bitte: Wo ist der strukturelle Unterschied zu all den Frauen, die sich früher für die *jüngere* Familie aufgeopfert haben?

MB
Eltern brauchen in so einer Lage einfach die Kinder, das sind wir ihnen schuldig.

GRÄFIN BÁTHORY
Sie meinen Töchter? Über zwei Drittel der Kräfte, die zu Hause pflegen, sind Frauen, also die Töchter!

MB
Hm … da kennen Sie die Statistiken besser als ich. Ich versuche ja, die politischen Umstände auch zu sehen – allein, mir fehlt die Zeit!

GRÄFIN BÁTHORY
Und dass man damit ganz leicht in die Altersarmut rutschen kann, davon spreche ich jetzt noch nicht einmal.

MB
Aber was sollen wir denn tun? Die Eltern hängen lassen?

GRÄFIN BÁTHORY
Das werde ich Ihnen nicht verraten, sonst schaufle ich mir doch mein eigenes Grab und entziehe meinen Kollegen und mir den Nährboden! Aber eins sage ich trotzdem noch: Die wahre Emanzipation scheitert gerade daran, dass die Frauen nicht mehr beweisen wollen, eine gute Mutter zu sein, sondern eine gute Tochter!

Immer mehr Sonnenstrahlen dringen durch die Vorhänge. Die Gräfin wird jetzt höchst nervös und fast unwirsch.

GRÄFIN BÁTHORY
Ich muss jetzt dringend weg, es wird hell! Sonst mache ich noch den gleichen Fehler wie Sie und opfere mich noch für andere auf, in dem Fall für Sie.

MB
Aber können Sie mir zum Abschluss nicht noch einen kleinen Tipp geben?

GRÄFIN BÁTHORY
Also gut – machen wir einen Deal: Sie besorgen mir einen nächtlichen Zahnarzttermin, und im Gegenzug verrate ich Ihnen das einfachste und wirksamste Mittel.

MB *(freut sich)*
Danke! Ja, einverstanden!

GRÄFIN BÁTHORY

Achten Sie auf Ihre Ressourcen. Denken Sie immer daran: Wenn Sie zusammenbrechen, können Sie auch Ihren Eltern nicht mehr helfen.

MB

Und?

GRÄFIN BÁTHORY

Nichts mehr »und« – ein Mittel so einfach wie Knoblauch, wenn Sie sich diese Einsicht oft genug vergegenwärtigen.

Und zack – weg ist die Blutgräfin. Ich kann ihr noch hinterher-rufen:

MB

Danke für das Gespräch! … Sie sind eine tolle Frau! Ich hoffe, wir sehen uns mal wieder … oder nein, lieber nicht!

SCHLÜSSELERLEBNIS

Mit zu den größten Rätseln der Menschheit zählen für mich nicht schwarze Löcher, für deren Erforschung kürzlich ein Deutscher mit dem Nobelpreis ausgezeichnet wurde. Das Thema ist zwar komplex und für eine Nicht-Naturwissenschaftlerin wie mich einfach nicht durchdringbar. Doch auch andere Sachverhalte, die ein Kleinhirn wie meins eigentlich verstehen können müsste, sind zwar von Grund auf rätselhaft, aber scheinen mir noch unbegreiflicher. Wieso verschluckt unsere Waschmaschine immer Socken? Und wenn ja, warum dann nicht viele, sondern immer nur einzelne Exemplare eines Paares, die ich dann suche und nicht finde? Liegt vielleicht in unserer Wohnung das noch unentdeckte Zentrum der schwarzen Löcher des Universums, das alle Materie in Form von einzelnen Socken verschluckt? Sollte ich vielleicht den Nobelpreisträger in Astrophysik dazu einmal befragen? Aber wie kann sich so ein Kleingeist wie ich dazu erdreisten, so einen Quark im Hirn auch noch öffentlich zu fragen? Die Welt steckt voller Rätsel und Fragen!

Jenseits der immer noch offenen Fragen, warum in Mathe nicht durch Null geteilt werden kann, mein Mann nur beigefarbene C&A-Unterhosen trägt und warum in China nicht nur der mutmaßliche Ursprung von Corona, sondern auch der mittelalterlichen Pest liegt, beschäftigt mich ein anderes Menschheitsrätsel besonders: Wohin werden eigentlich alle Schlüssel verlegt? Schlüssel verschwinden nicht im Nirwana (vulgo: schwarze Löcher) wie einzelne Socken, aber sie sind viel zu oft einfach nicht mehr auffindbar. Speziell die Schlüssel im Haus meiner Eltern.

Da fehlt ein Schlüssel zum Arbeitszimmer meines Vaters. Oder wir finden zum Teufel noch mal nicht mehr den zweiten Autoschlüssel. Wir kriegen den Briefkasten nicht mehr auf, weil der dazugehörige Schlüssel nicht mehr an dem Ort hängt, an dem er seit Menschengedenken (also meiner Kindheit) hing: im Schlüsselkasten. Aber nichts, nada, niente – wir suchen Stunden vergeblich. Ein Freund von uns kommt auf die Idee, einen Metalldetektor zu kaufen, und zwar einen richtig guten, denn die billigen würden nicht das gewünschte Ergebnis liefern. Er ersteht das Gerät für 400 Euro. Aber auch mit diesem: nichts, nada, niente. Dass er später damit mal römische Münzen in einem Waldstück findet, steht auf einem anderen Blatt der Geschichte.

Hier sieht es jedenfalls so aus: Wenn der Briefkastenschlüssel nicht auftaucht, komme ich nicht an die Post meiner Eltern ran, demnach kann ich die ganzen Dinge nicht erledigen, die in so einem Haushalt anfallen, den ich urplötzlich zu managen habe. Ich kann keine Rechnungen öffnen und bezahlen. Ich kann keine schriftlichen Genesungswünsche von Freunden weitergeben. Ich kann der Aufforderung der Stadtverwaltung, das Volumen der Mülltonne anzupassen, nicht nachgehen. Kurzum: Ich bin kaltgestellt und suche verzweifelt dieses kleine, dreckige Metallstück namens »Briefkastenschlüssel«.

Falls jetzt jemand den weisen Tipp parat hat: »Warum fragt sie denn nicht ihre Mutter oder ihren Vater?« – Sparen Sie sich ihn sofort, auf der Stelle! Natürlich lautete die Antwort meiner beiden Elternteile unabhängig voneinander: »Der Schlüssel für den Briefkasten? Der hängt im Schlüsselkasten!«

Mehrere heftige Mahngebühren, Nervenzusammenbrüche meinerseits und handwerkliche Hilfsangebote durch Bekannte andererseits (»Ich bin Schreiner, ich kann alles knacken!«) später findet sich dieses Teil zwar immer noch nicht, aber ich habe, zu kreativen Höchstformen auflaufend, andere Lösungswege gesucht und gefunden!

Ich habe einen Nachsendeantrag in Auftrag gegeben. YES! Die Post für die Eltern landet nun genialerweise bei mir im hundert Kilometer entfernten Briefkasten! YES! Zwar mit etwas Verzögerung, aber ich finde sie dort zuverlässig. YES! So kann ich organisieren, dass jemand dem Kaminkehrer öffnet, die Krankenversicherung meines Vaters nicht gekündigt wird und meine Mutter nicht mehr glaubt, alle hätten sich von ihr abgewendet, weil ihr niemand mehr schreiben würde.

Falls jetzt jemand sagt: »Der Schlüssel ist bestimmt wieder aufgetaucht, denn das Haus verliert nichts«, dem kann ich nur entgegnen: Nein, nada, niente. Diese Geschichte lässt sich nicht mit Happy End erzählen. Der Schlüssel bleibt bis heute verschollen, der Nachsendeantrag hingegen bis heute bestehen. Aufgetaucht sind während der immerwährenden Schlüsselsuche (denn das ließ uns allen keine Ruhe) hingegen »Begleitfunde« wie ein kleines goldenes Schlüsselchen, das zunächst keiner zuordnen konnte – bis es mir einfiel: Seit meinem dreizehnten Lebensjahr war der Schlüssel zu meinem ersten Tagebuch verschollen und ich hatte ihn ewig gesucht. Jetzt hielt ich ihn wieder in Händen und freute mich darauf, endlich wieder zu lesen, was ich als so junger Mensch zu Papier gebracht hatte – blöd bloß, dass ich nun mein erstes Tagebuch nicht mehr finde …

FRAGEN ÜBER FRAGEN ZU DEN FRAGEN

Wenn Sie sich darüber freuen wollen, wie fit Ihre alten Eltern trotz aller Gebrechen noch sind, lesen Sie einfach mal einen »Erhebungsbogen« einer (seriösen) Pflegekräfte-Agentur zu Pflegeerfordernissen und -erwartungen, und Sie werden jeden Tag glücklich sein über all das, was noch nicht der Fall ist!

Alles, was wir (noch) nicht wissen, lieber verdrängen und was doch noch eintreten könnte, steht in so einem banalen Antrag. So ein »Erhebungsbogen« erinnert an eine Schocktherapie, mit der bisweilen Psychologen Phobien behandeln, nämlich durch Konfrontation mit dem denkbar Schlimmsten.

Die Lektüre sei also nur Frauen mit starken Nerven empfohlen. Diese allerdings werden sich nach der kathartischen Lektüre darüber freuen können, wie gut es den Senioren trotz aller »Zipperlein« oder Gebrechen doch noch geht.

ERHEBUNGSBOGEN, KLEINER AUSZUG

1. Hauptgrund für die Betreuungsbedürftigkeit

   Altersbedingter reduzierter Allgemeinzustand ohne Diagnose _____

   _____

2. Weitere Diagnosen

   O *Amputationen* _____

   O *Lähmung* _____

   O *Neurologische Erkrankungen* _____

   O *ALS Polyneuropathie* _____

   O *Arthritis / Osteoporose* _____

   O *Multiple Sklerose* _____

   O *Herzinsuffizienz / Schlaganfall* _____

   O *Arthrose / Rheuma* _____

   O *Gehschwäche* _____

   O *Parkinson* _____

   O *Herzoperation* _____

   O *Dialyse / Stoma* _____

   O *Erkrankungen des Herz-Kreislauf-Systems* _____

   O *Bluthochdruck / Herzinfarkt / Herzrhythmusstörung / niedriger Blutdruck* ____

      _____

   O *Erkrankungen des Magen-Darm-Trakts* _____

   O *Chronische Durchfälle / Diabetes / Inkontinenz / Morbus Crohn* _____

   O *Diabetes (insulinpflichtig) / Niereninsuffizienz* _____

   O *Erkrankungen der Atemwege: Asthma, COPD* _____

   O *Aktuelle Probleme: Zustand nach Unfall oder Sturz oder Dekubitus* _____

      _____

   O *Allergien* _____

   O *Behinderungen / Depression / Einsamkeit / Krebs* _____

3. Seit wann besteht die Krankheit? Ist diese konstant oder verändert sich der Zustand? Stunden Betreuungsaufwand wie beispielsweise bei Tracheostoma (Luftröhrenkanüle), Größe in cm. Lage?

4. Veränderter Tag-/ Nachtrhythmus / Schlafmedikation
   O *Einschlafprobleme / Hält gerne Mittagsschlaf*
   O *Durchschlafprobleme / Schlafapnoe (Atemaussetzer)*
   O *Steht nachts häufig auf / Sind nächtliche Einsätze der Betreuungskraft nötig? Wie oft? Ein-, zwei-, drei- oder mehr als dreimal?*
   O *Ist die zu betreuende Person bettlägerig? / Ist die zu betreuende Person sturzgefährdet?*
   O *Benötigt die zu betreuende Person Hilfe beim Transfer?*
   O *Die zu betreuende Person kann aktiv mithelfen (leichter Transfer)*

5. Lagerung
   O *Steht nicht mehr selbstständig auf, muss gehoben/gestützt werden. Häufigkeit? _____*
   O *Benötigt die zu betreuende Person Hilfe bei der Lagerung im Bett? (Häufigkeit)*
      _____

6. Waschen und Kleiden
   (Selbstständig, unter Anleitung oder mit Teilhilfe?)
   O *Grundpflege _____*
   O *Gesicht- & Mundpflege _____*
   O *Oberkörper _____*
   O *Arme _____*
   O *Rücken _____*
   O *Intimpflege _____*
   O *Haare waschen _____*
   O *Haare kämmen _____*
   O *Rasieren _____*
   O *Hautpflege _____*
   O *Nagelpflege _____*
   O *Baden _____*

- ○ Waschen am Waschbecken
- ○ Auswahl der Kleidung
- ○ An- und Auskleiden

7. Essen und Trinken
   - ○ Keine Einschränkungen / Passierte Kost
   - ○ Vollkost Diabetes / Spezielle Diät
   - ○ Vegetarisch
   - ○ PEG-Sonde. Wenn ja, welche? / Nahrungsmittelallergien? _____
   _____
   - ○ Schluckstörung
   - ○ Benötigt Hilfe bei der Nahrungszubereitung: _____
   _____
   - ○ Ernährungszustand: _____
      - ○ Trinkmenge: _____
      - ○ Anmerkungen (z. B. Lieblingsspeisen und Getränke, Essenszeiten): _____
      _____
      - ○ Trinkt selbstständig genügend
      - ○ Stark übergewichtig, braucht Anregung
      - ○ Untergewichtig, bilanziert

8. Ausscheiden
   - ○ Toilettengang selbstständig / mit Teilhilfe
   - ○ Urininkontinenz oder Stuhlinkontinenz
   - ○ Neigt zu Verstopfung
   - ○ Blasenkatheter / Anmerkungen _____
   _____
   - ○ Inkontinenzversorgung: Vorlagen
   - ○ Windeln

9. Atmen
   - ○ Keine Einschränkung
   - ○ Benötigt Sauerstoff

10. **Sicherheit**
   - ○ Besteht ein Hausnotrufsystem?
   - ○ Bewusstseinszustand / Vigilanz? (Klar ansprechbar oder Einschränkungen in der Orientierung?)
   - ○ Benommen / komatös
   - ○ Erschwerte Atmung in Bewegung
   - ○ Suprapubischer Katheter / Urinalkondom

11. **Beschäftigung**
   - ○ Tagesstruktur – Beschreiben Sie stichpunktartig die bisherige Tagesstruktur der zu betreuenden Person:

     _____

     _____

     _____

   - ○ Freizeit und Beschäftigung / Sozialanamnese _____

     _____

   - ○ Tagesgestaltung / Beschäftigung (Selbstständig / unter Anleitung / komplette Übernahme) _____

   - ○ Ehemalige berufliche Tätigkeit: _____

   - ○ Hobbys und Interessenbeschreibung (Kochen / Backen, Natur und Tiere, Handarbeiten, Freunde / Familie, Spazierengehen, Gesang, Lesen / Literatur, Musik, Politik und Geschichte, Fernsehen, Außenaktivitäten, Sonstiges):

     _____

     _____

   - ○ Geht die zu betreuende Person in eine Tagespflege / ein Demenzcafé / zur Dialyse / zur Beschäftigungstherapie? _____

12. **Aktuelle Therapien**
   - ○ Physiotherapie / Sonstiges. Finden Therapien zu Hause statt?

     _____

     _____

     _____

     _____

     _____

13. Kommunikation

- Spricht / versteht Deutsch
- Einschränkungen _____
- Sprache _____
- Hören / Sehen
- Ergotherapie
- Logopädie
- Sinnfindung: Ängste, Sorgen, Nöte und die Bewältigung von Schmerzen

_____

14. Mentale Verfassung

- Ängstlich, labil, teilnahmslos
- Anspruchsvoll, launisch
- Vergesslich
- Aufgeschlossen, liebevoll, zurückhaltend
- Bestimmend, offen, skeptisch
- Depressiv, sensibel
- Gereizt, starke Unruhe

15. Hilfsmittel

- Pflegehilfsmittel zum Verbrauch (Einweghandschuhe, Windeln, Desinfektions-
  mittel etc.) sind in einem Haushalt mit pflegebedürftiger Person obligatorisch.
  Zuschüsse für Pflegehilfsmittel können Sie beantragen. Wir empfehlen Ihnen
  einen Dauerauftrag über einen Lieferdienst.

_____

- Badewannenlifter / Gehstock / Lagerungshilfe
- Patientenlifter / Transferlifter / Rollator
- Toilettenstuhl / Vorlage / Zahnprothese
- Brille / Gelkissen / Lupe
- Pflegebett / Rollstuhl / Treppenlift
- Wechseldruckmatratze
- Duschstuhl / Hocker
- Orthese / Prothese / Rollstuhl zeitweise (z. B. draußen)
- Urinflasche / Windeln

○ *Bleiben beteiligte Kontakte auch während der Betreuung weiterhin bestehen?*
Welche Aufgaben werden von wem wann und wie oft übernommen?
_____

○ *Welche Aufgaben werden vom Pflegedienst übernommen?*
_____
_____
_____

16. Erfassung hauswirtschaftlicher Dienstleistungen
   ○ *Übliche hauswirtschaftliche Versorgung wie Abwaschen, Wäschewaschen,*
   Bügeln, Versorgung von Zimmerpflanzen etc.
   _____

   ○ *Haushaltsführung für _____ (Anzahl) Personen (exkl. Betreuungskraft)*
   ○ *Reinigung des Haushalts (Wohnfläche _____ qm) / Einkaufen / Kochen*
   ○ *Zusätzliche Anforderung über die Haushaltsführung hinaus:*
      ○ *Begleitung bei Arztbesuchen / Gartenarbeit / Haustierversorgung, welche:*
      _____
      _____

      ○ *Gemeinsame Ausflüge und Freizeitgestaltung. Wenn ja, bleibt diese auch*
      weiterhin bestehen und in welchem Umfang übernimmt die Pflegekraft
      die Tätigkeiten?_____
      _____

      ○ *Gibt es eine zusätzliche Haushaltshilfe? _____*

17. Wohnsituation der zu betreuenden Person
   Wohnlage:
   ○ *Großstadt zentral / Dorf*
   ○ *Wohnart: _____*
   ○ *Sonstiges: _____*
   ○ *Anzahl Zimmer: _____*
   ○ *Wohnfläche (qm): _____*
   ○ *Einkaufsmöglichkeiten zu Fuß erreichbar in Minuten (ca.): _____*
   _____
   _____

18. **Ausstattung des Wohnbereichs der Betreuungskraft**
Sofern kein eigenes Zimmer für die Betreuungskraft zur Verfügung gestellt werden
kann, kann unsere Betreuungsdienstleistung nicht erbracht werden!

- O Schrank
- O TV
- O WLAN
- O Eigener Wohnbereich mit Bad

- O Computer zur Mitbenutzung
- O Internet
- O Bett
- O Fahrrad

19. **Forderungen an die Betreuungskraft**

- O Geschlecht _____
- O Alter in Jahren _____
- O Deutschkenntnisse _____

20. **Führerschein**
Wenn ja: Auto vorhanden, Marke / Modell, Schaltgetriebe / Automatikgetriebe

_____

21. **Raucher**
(Geraucht wird grundsätzlich E-Zigarette, nur im Außenbereich)

- O keine Präferenz
- O ja
- O nein

22. **Qualifikation der Betreuungskraft**

- O Hauswirtschaftskraft Dipl. / Krankenschwester, Krankenpfleger

_____

23. **Welche Erwartungen / Vorstellungen haben Sie an die Betreuungskraft?**

_____

Moment mal! Dazu muss ich erst noch einen genauen Erhebungs-
bogen ausarbeiten!

WIE GEHT ES IHNEN?

In meinem Leben habe ich schon etliche Prüfungssituationen durchstehen müssen – in der Schule bis zum Abitur, beim Berufsabschluss, bei der Führerscheinprüfung, beim Erlangen des Fortbildungszertifikats oder gar, als mein Mann und ich uns das Eheversprechen auf der »öffentlichen Bühne« – einer Kirche – gaben, denn ich hasse nichts mehr, als im Rampenlicht zu stehen.

Trotzdem kann ich mich nicht erinnern, dass mich etwas mehr stresste als der anstehende Besuch eines Pflegegutachters. Immer war ich aufgeregt vor solchen Situationen, obwohl die ganze gut meinende Fraktion ja immer sagt: »Geh, da brauchst du doch nicht nervös zu sein!«

Die haben alle keine Ahnung! Schauspieler laufen ja auch nur zu Höchstleistungen auf, weil sie vorher Lampenfieber haben. Und ohne den Adrenalinkick oder die Unsicherheit oder Anspannung würden sie viel weniger ihr Bestes geben, als wenn sie gelangweilt in so eine Situation hineingingen und sich völlig entspannt denken würden: »Geht doch alles gut, wo liegt das Problem? Kann ich doch!«

Und eine Lampenfiebersituation der Extraklasse ist eben der Besuch einer Pflegegutachterin oder eines Pflegegutachters. Es liegt nicht mehr nur in unserer Hand, unser Bestes zu geben, denn die Senioren werden zum Faktor X – also zur großen unberechenbaren Größe, mit der wir nicht wirklich kalkulieren können. Dummerweise haben die Senioren ihren eigenen klugen Kopf und zugleich meist die Eigenart, sich Gebrechen nicht eingestehen zu können. Weshalb die an sich klugen Köpfe der Alten in der Regel zu dem Schluss kommen: »Ich werde denen doch nicht sagen, was ich nicht mehr kann!«

Entsprechend hoch ist das Konfliktpotenzial zwischen Eltern und »Kindern« vor so einem Besuch. Denn von der Beurteilung der Gutachter hängt ab, welcher Pflegegrad vergeben wird und also auch, wie viel Geld künftig Monat für Monat für die Pflege gezahlt wird. Denn zwischen Pflegegrad 1 und 5 liegen Hunderte Euro Unterschied monatlich, ganz zu schweigen von Zusatzleistungen, Steuervergünstigungen und sonstigen Leistungen, die je nach Zuweisung der Kategorie vergeben werden.

Beurteilt werden verschiedene Bereiche der Senioren wie Mobilität, kognitive und kommunikative Fähigkeiten, Verhaltensweisen und psychische Problemlagen, die Fähigkeit zur Selbstversorgung, zur Bewältigung von krankheits- und therapiebedingten Anforderungen und Belastungen sowie zur Gestaltung des Alltagslebens. Der Gutachter vergibt für jedes dieser sechs Kriterien zur Pflegebegutachtung unterschiedlich hohe Punkte. Daraus ergibt sich die Gesamtpunktzahl und nach einem speziellen Gewichtungsverfahren die Zuweisung eines Pflegegrades. Es macht also einen Unterschied, ob sich Mama oder Papa noch selbst die Schuhe binden, Essen kochen, Freunde einladen oder eigenständig zum Arzt bewegen können – oder eben nicht.

Das Punktesystem, das mich zunächst höchst befremdete (wie alles, was Menschen in Kategorien einordnet), ergibt also schon auch Sinn, denn die Behörden und Gutachter müssen ja versuchen, möglichst objektive Kriterien für den Pflegefall zu finden. Wie sollen sie sonst entscheiden? Wie Betrug verhindern?

Und trotzdem war ich nervös wie kaum zuvor in meinem Leben, als dieser Besuch bei meinem Papa anstand. Tage vorher bläute ich ihm schon ein, doch bitte einmal zuzugeben, was er nicht mehr kann, und nicht damit anzugeben, was er noch kann. Bitte. Nur dieses eine Mal! Davon hinge ab, welch und ob wir überhaupt eine gute Pflegekraft bezahlen könnten, also wie es überhaupt weiterginge.

»Klar!«, sagte Papa.

»Klar!«, sagte Papa auch noch fünf Minuten vor der Ankunft des Gutachters. »Ich kann auch gut Schwächen zugeben!«

Was für ein Glück habe ich aber auch mit einem so einsichtigen Vater!

Fünf Minuten und eine Begrüßung des netten Herrn Pflegegutachters später erklärt Papa freudestrahlend, dass er selbstverständlich um seine verstorbene Frau trauere, aber auch sehr gut ohne sie zurechtkäme. Er kaufe nun halt alleine ein, habe soeben selbst die Heizung repariert und müsse gleich noch beim Finanzamt anrufen.

Ich falle fast in Ohnmacht. Papa kann schon seit einem halben Jahr nicht mehr einkaufen, weil er zu sehr zittert und überhaupt keinen Überblick mehr über Lebensmittel hat. Die Heizung hat heute ein Freund repariert, der Papa ins Geschehen nur freundlich mit einbezog. Und ich hatte ihm eben erzählt, dass ich heute noch beim Finanzamt anrufen müsse. Dabei ist mein Papa noch nie ein Aufschneider gewesen, also einer, der bewusst lügt oder übertreibt. Sein Kopf läuft nur gerade zu Höchstformen auf – er versucht sich selbst noch zu beweisen, »ganz der Alte« zu sein. Und da bringt er einfach was durcheinander.

Aber das kann ich nun wiederum nicht einfach so auf den Tisch bringen, also offen ansprechen vor dem Pflegegutachter. Denn damit würde ich meinen Vater demütigen. Sollte ich vor dem fremden Kerl Papa offen widersprechen und erklären, dass das alles ja gar nicht stimmt, dass wir schon froh wären, wenn es mit der Hygiene und dem selbstständigen Essen gerade noch so klappte?

Noch während ich überlege, wie ich dem Pflegegutachter vielleicht heimlich ein paar andere Infos stecken könnte, macht der gute Mann einfach weiter, seine »Pappenheimer« kennend. Er bittet Papa darum, sich nach vorne zu beugen, wie wenn er seine Schuhe binden müsste. Er fragt nach zehn Minuten indirekt nach, ob Papa sich noch an seinen Namen erinnert. Er will wissen, was Papa sich heute zum Mittagessen gekocht hat (die Mahlzeitreste sah der Mann in der Küche).

Papa kann sich nicht zu den Schuhen beugen, hat »dummerweise« den Namen und den Anlass des Besuchs des netten Herrn vergessen und erklärt, dass es mittags Grießbrei gab, obwohl Schweinebratenreste in der Küche stehen. Und warum würde der Herr eigens erwähnen, dass es schön warm wäre? Die Heizung im Haus funktioniere doch seit Jahren gut!

Als Papa sein Alter mit 78 angibt, lache ich auf und scherze: »Papa, mach dich nicht jünger, das durchschauen wir!«

Als der Pflegegutachter Papa »mal kurz zusammenrechnen« lässt und mein Vater, der Lehrer war, 80 und 13 falsch addiert, staune ich (erst hinterher erfahre ich den Zusammenhang zwischen mathematischem Vermögen und Demenz).

Und noch mehr gibt mir zu denken, was der Gutachter zum Abschied unter vier Augen sagt: »Sie haben zu lange gewartet, wie so viele, längst schon hätten Ihnen Leistungen zugestanden.«

Der Mann hat Papas Schauspiel durchschaut, schneller und im viel größeren Ausmaß als ich!

Schwerer war das nur bei Bekannten, die ihre nicht demente Mutter beziehungsweise Schwiegermutter über Tage vor dem Besuch »brieften« und ihr eindringlich nahelegten, beim Besuch des Pflegegutachters darüber zu jammern, wie schlecht es ihr ginge. Die gute alte Frau übte auch fleißig mit den »Kindern«, sich nicht bücken zu können, den Namen des derzeitigen Bundeskanzlers mit Helmut Kohl anzugeben und bei Fragen zu ihrer Kontinenz auf ihre Intimsphäre und die Windeln, die sie angeblich trage, zu verweisen. Die Proben für die Inszenierung liefen perfekt und saßen bald im Detail – jede Regie könnte sich davon eine Scheibe abschneiden.

Aber unsere Senioren wären auch nicht so liebenswürdig, wenn sie uns nicht stets neu überraschen würden wie kleine Kinder und keinen eigenen Kopf oder Willen hätten. Denn was erwiderte die »Grande Dame« auf die erste Frage des Gutachters beim Besuch – die Frage: »Wie geht es Ihnen, Frau Meier?«

»Eigentlich sehr gut, aber die Kinder haben mir eingebläut, ich soll sagen, dass es mir schlecht geht!«

Der Pflegegutachter vergab übrigens daraufhin fünf zweifelhafte Punkte mehr, damit auch der nächste Pflegegrad erreicht wurde, und erinnert sich heute noch gerne an den wunderbaren Humor der alten Dame.

ALLTÄGLICHE ABENTEUER

Falls Sie in Ihrem Leben noch mal einen ganz großen Abenteuertrip planen wie nackt den Kilimandscharo zu besteigen, mit einer amerikanischen Rakete auf den Mars zu fliegen oder die kolumbianische Drogenmafia mit ein paar Provokationen aufzumischen – vergessen Sie es! Sparen Sie sich den Gang ins Reisebüro oder die individuelle Planung samt Bestechungsgeldern, körperlichem Training sowie dem Kauf von Sprachführern und Ausrüstung. Denken Sie an den alten Spruch unserer Omas: »Sieh, das Gute liegt so nah!« Denn einen wahrlich aufregenden Abenteuertrip mit größten Herausforderungen internationaler Dimensionen können Sie viel einfacher haben: Organisieren Sie einfach die Pflege zu Hause für Angehörige und vermeiden Sie es im Weiteren, dieses Kapitel zu lesen, denn Abenteuer bestehen schließlich auch darin, sich auf komplett Unbekanntes einzulassen. Machen Sie es wie ich – stürzen Sie sich völlig unbedarft und naiv in dieses Experiment. Dann haben Sie Ihren Urururenkeln später noch etwas zu erzählen.

Also so ähnlich. Ich muss offen zugeben: »Normalerweise« wäre ich auch nicht so mutig gewesen und hätte mich stattdessen vielleicht auch vorher besser vorbereitet, hätte mich informiert und geplant. Aber es gab plötzlich kein »normalerweise« mehr, denn quasi von einem Tag auf den anderen drängte die Zeit. Aus einem Elternhaus, in dem ich quasi kürzlich doch noch als Kind die Treppen zur Küche hinauflief, wurde ein Witwerhaushalt mit Pflegefall.

Für diesen Abenteuertrip ist es von größtem Vorteil, wenn Sie vorher schon öfter verreist sind. Urlaube in andere Länder hatte ich bis dato ja immer unter Freizeit oder Privatvergnügen oder Erholung oder Horizonterweiterung verbucht, aber nicht als frühe Fortbildung für einen späteren Elterneinsatz gesehen. Im Gegenteil. Als ich mit sechzehn Jahren einen Interrail-Trip durch Europa buchen wollte, ging meine Mutter auf die Barrikaden und ließ alle Geranien, die sie gerade zur Balkonbepflanzung in der Hand hielt, entsetzt auf den Boden fallen. Italien – Mafia! Griechenland – Kommunisten! Frankreich – Verführer! Nicht dass meine Mutter ausländerfeindliche Ressentiments gehegt hätte, aber dass die jugendliche Tochter in den Mittelmeerländern völlig unbekannten Wesen ausgesetzt wäre, machte ihr (wie ich heute im Rückblick, da ich selbst Mutter einer Tochter bin, sogar etwas verstehe) einfach richtig Angst. Befürchtungen dieser Art legten sich zwar mit zunehmender Annäherung der Länder innerhalb der EU. Und auch mein Vater mahnte immer an: »Hätte es vor hundert Jahren schon Schüleraustausch gegeben, wäre es nicht zu Weltkriegen gekommen, weil sich junge Leute, die sich kennen, nicht gegenseitig abschlachten«, aber eine gewisse Grundskepsis gegenüber meiner Reisefreudigkeit blieb immer. Als ich mit Anfang zwanzig meinen ersten ernst zu nehmenden Lebenspartner gefunden hatte, kommentierte meine Mutter unsere »Jahrestagsreise« nach Ägypten mit den Worten: »Das Geld könntet ihr besser für eine Eigentumswohnung sparen.« Als mein Mann und ich zwanzig Jahre später mit unseren kleinen Kindern beschlossen, mit Sack und Pack und Windeln spontan nach Italien an den Strand aufzubrechen, kam der Einwand: »Den Kindern ist doch völlig egal, in welcher Umgebung sie sind, Hauptsache, sie sind bei liebenden Eltern.« Und dann, als die Kinder groß und gerade ausgezogen waren und mein Mann und ich beschlossen, in diesem Jahr auf einen Urlaub zu verzichten, um in unserer sturmfreien Bude endlich hemmungslos fröhliche Urstände eines neu erwachten Karrierestrebens feiern zu können, machte ich meiner Mutter dazu die freudige Mitteilung am Telefon: »Heuer sparen wir Geld und fahren nicht in Ferien.« Kurzes Schweigen dazu. Dann kam: »Also, der Papa und ich erfüllen uns nun einen Traum – wir fliegen für zwei Wochen nach Mauritius. Haben wir gerade bei einem netten Herrn im Reisebüro gebucht. Wir haben ja immer gespart, aber das ist gerade ein super Sonderangebot. Wollt ihr nicht mitkommen? Das würde euch sicher guttun. Der nette Herr Schmitt hat auch gesagt: So eine Reise erweitert den Horizont ungemein! Und außerdem: Die Frau Meier, du weißt schon, die Nachbarin, die war da auch schon, und die soll sich gar nichts darauf einbilden. Das können wir uns auch leisten!«

Sie sehen schon, auch in meiner elterlichen Familie hielt die Globalisierung Einzug, und das Reisen wurde sogar unter älteren Herrschaften zu einem neuen Statussymbol, so wie früher das Einfamilienhaus oder der Mercedes. Bei dieser telefonischen Nachricht hatte ich selbst aber auch schon das Stadium »Ältergelassenheit« erreicht und fiel nicht mehr vom Stuhl oder hielt meiner Mutter gar Inkonsequenz vor – ich gönnte ihr und Papa diesen Aufenthalt auf der Insel einfach, und tatsächlich verbrachten sie dort als ein altes Ehepaar, das Bayern zuvor nur in Richtung Österreich (fünfmal) und maximal Italien (zweimal) verlassen hatte, wunderbare Tage. Ich weiß bis heute nicht, wie viel sie damals bei ihrem Pauschaltrip von dem Land, den Sitten und den Menschen wirklich mitbekommen haben, aber rede mir jedenfalls ein, dass *meine* Reisen früher via Interrail, Trampen oder im eigenen Auto mich auch Land und Leuten näherbrachten und Hotelbewertungen so zweitrangig waren wie die Aktion meines Heimatortes »Unser Dorf soll schöner werden«. Denn was Mama und Papa nicht machten – und das weiß ich ganz sicher –, sie bereiteten sich nicht mit einem Sprachführer auf diese Reise vor.

Für alle jüngeren Mitleser zur Erklärung: Ein Sprachführer

ist ein Buch, in dem die wichtigsten Wörter einer anderen Sprache stehen, meist mit Aussprachehinweisen. Auch ganze Sätze sind darin aufgeführt, also zum Beispiel: »Was kostet die Nacht auf diesem Campingplatz?«, »Haben Sie noch einen schönen Abend!« oder »Wie geht es Ihnen?« Nicht zu vergessen auch – was mich bei meiner ersten Griechenlandreise mangels Lesekompetenz mit Blick auf die griechischen Schriftzeichen rettete –: »Wo befindet sich die nächste Toilette?« Zum touristischen Anstand meiner Generation gehörte auch, wenigstens die Zahlen bis zehn in der fremden Landessprache auswendig zu lernen.

Was aber kein Sprach- oder Reiseführer ersetzen konnte und was die Trips für mich so aufregend machte, war, die Mentalität der Menschen jenseits der touristischen Sehenswürdigkeiten kennenzulernen. In Sizilien traf ich beispielsweise Leute, mit denen ich mich von null auf hundert befreundete und mit denen ich beschloss, am folgenden Tag um acht Uhr einen alten Tempel zu besichtigen. Als deutsch Sozialisierte stand ich um 7.58 Uhr am vereinbarten Treffpunkt und wartete. Keiner kam. Na gut, die Italiener sind halt nicht so pünktlich, dachte ich um neun Uhr. Um zehn Uhr verließ ich den vereinbarten Treffpunkt, um eine Telefonzelle zu suchen (jüngere Mitleser: Bitte googeln, was eine Telefonzelle ist!). Um zwölf Uhr gab ich, nachdem ich bis dahin immer noch niemanden erreicht hatte, in der sengenden Mittagshitze auf und dachte an ein Missverständnis. Klar! Ich Trottel, ich beherrschte ja die Sprache viel zu schlecht!

Zwei Tage später mit neuen Freunden von null auf hundert: Zur Verabredung vor der Pizzeria um zwanzig Uhr kam niemand, obwohl ich, sehr deutsch, pünktlich seit 19.45 Uhr dort wartete. Denn vielleicht war ich beim vorherigen Date mit den neuen Freunden einfach zu spät dran gewesen?!

Pustekuchen. Dieses Mal kapierte ich es früher und ging um einundzwanzig Uhr alleine ins Lokal – um nach dem Essen mit einem Preis abgezockt zu werden, der nur für Touristen galt, aber nicht für Einheimische. Als Frau alleine im Lokal fand ich aber natürlich sofort neue Bekannte, und wir beschlossen, uns am folgenden Abend um achtzehn Uhr zur »Passeggiata« am gleichen Ort zu treffen. Und tatsächlich: Die neuen Freunde waren diesmal da, zur vereinbarten Zeit, zum vereinbarten Treffpunkt, und sie nahmen mich mit. Dabei erklärend: Hier treffe man sie mehr oder weniger immer um diese Zeit, aber ich sei ein richtiger Trottel, sonstigen Verabredungen mit Zeitangaben zu vertrauen. Das sei in Sizilien eher ein vages Versprechen und eine Sympathiebekundung, aber keinesfalls wortwörtlich zu nehmen. Ob ich das nicht gewusst hätte? Aha. Eine Erklärung. Endlich verstand ich mehr. Mein Horizont wurde kulturell erweitert: Aussagen zu Verabredungen sind hier nicht wortwörtlich zu nehmen.

Das nur als Beispiel des Erlebten in anderen Ländern, bei Reisen, so wie ich sie im Gegensatz zu einem reinen Erholungsurlaub verstehe (beides hat für mich mittlerweile gleiche Berechtigung und steht nicht mehr in Konkurrenz).

Und dann lebst du wieder so dahin im eigenen Land und denkst außer beim Reisen nicht mehr an »andere Länder, andere Sitten« – bis du mit einem Mal mit einer Agentur zur Betreuung deines Pflegefallvaters zu tun hast.

Zu meiner Verteidigung sei nur hinzufügt, dass wir Youngster damals zwar trampend, mit der Bahn oder mit einem 2CV (Ente) nach Südeuropa reisten, aber ziemlich wenig Berührungspunkte mit der osteuropäischen Kultur hatten. Damals gab es noch den Eisernen Vorhang (U-30: Googeln hilft!), und Hawaii war leichter erreichbar als Moskau oder gar Polen. Ganz Osteuropa war mir als »Wessi« ziemlich fremd. Klar kam ich später auch mal nach Prag oder verbrachte ein paar Tage in Moskau. Aber im Gegensatz zu jüngeren Jahren schließt man im fortgeschrittenen Alter nicht einfach so schnell Freundschaften und wird auf Reisen nicht mehr mit so vielen Menschen bekannt. Doch das änderte sich dann mit meinem Papa-Pflegefall – ohne dass ich überhaupt über eine Grenze fahren musste. Denn der ganze Markt der 24 / 7-Pflege ist fest in osteuropäischer Hand.

Dieses Neuland betrat ich, als mein Vater fast zeitgleich mit dem Tod meiner Mutter ein Pflegefall wurde. Er hatte einen Schlaganfall erlitten, von dem er sich zwar relativ gut erholte, aber die länger schon vorhandene Demenz zeigte sich nun deutlicher denn je – viel davon hatte mein Vater gut kaschieren können beziehungsweise meine Mutter zuvor noch abgefedert und aufgefangen. Wir alle hatten sie uns noch nicht richtig eingestanden und bisweilen noch als »Altersvergesslichkeit« eingestuft – aber jetzt waren die Augen nicht mehr vor ihr zu verschließen. Ich musste mehr oder weniger von einem Moment auf den anderen entscheiden, wie nun alles weitergeht. Klar war für mich: Papa sollte nicht ins Heim kommen, weiter in seinem Haus leben, und ich organisierte etwas, was mir bis dahin und ganz entfernt zu Ohren gekommen war: eine Pflege zu Hause. Die netten Ärztinnen in Papas Reha wiesen mich auch mehr oder weniger dezent darauf hin: »Haben Sie sich schon einmal Gedanken darüber gemacht, wie es weitergeht? Wir glauben nicht, dass Ihr Vater noch alleine bleiben kann.« Die freundliche Frau von der Sozialstation erklärte – sich räuspernd –, dass ich meinem Vater nicht mehr zu viel Eigenständigkeit zutrauen solle. Aber es gebe da Agenturen, die helfen würden.

Normalerweise (schon wieder) bin ich ein vernunftbegabtes Wesen, das pragmatische Vorschläge gerne sofort aufnimmt und auch umsetzen kann. Jetzt aber musste ich schlucken und wurde kurzfristig handlungsunfähig. Papa im Haus ohne Mama? Wer sollte ihm seinen geliebten Käsekuchen backen? Sollte eine fremde Person dort einziehen, und wenn ja: wohin? Denn kein Raum in diesem Haushalt war mehr gästegeeignet. Übertrieben die nicht alle mit »Pflegefall«? War ich nicht die schlimmste Rabentochter überhaupt auf Erden, wenn ich mich um eine Pflegekraft kümmerte, obwohl doch nur *ich* Papa wirklich so gut kannte, um perfekt für sein Wohl zu sorgen?

Schlaflose Nächte und ein Emotionstsunami folgten. Bis mir klar wurde, dass jetzt *ich* die Verantwortung für meinen Vater übernehmen musste, so wie er sie früher für mich als Kind übernommen hatte. Und ich war gezwungen zu handeln, denn es musste etwas passieren, der Tag der Reha-Entlassung meines Vaters rückte näher. Und dann setzte etwas ein, was ich von der Kleinkindzeit meiner Kids kannte. Wenn es darauf ankommt, kannst du dir alle Ängste, Sorgen, Bedenken und Selbstzweifel sparen, dann musst du einfach *machen*. Wenn das Baby blau anläuft, brauchst du dich nicht zu fragen, ob du eine gute Mutter bist, sondern musst schlicht und einfach ruhig bleiben, den Kindernotarzt rufen und zuerst die Adresse und erst danach die Symptome durchgeben. Und so schaltete der Kopf auch jetzt auf »Notfallprogramm« um.

Was also als Erstes tun? Ich rief Bekannte an, die mal irgendwas von Pflege ihrer Eltern erzählt hatten. Ich recherchierte im Internet alles zum Thema Pflegeagenturen, entdeckte einen Vergleich verschiedener Dienstleister von Stiftung Warentest. Ich checkte wenigstens grob, wie viel Rente mein Vater eigentlich bekam, mit welchem Pflegegrad vielleicht zu rechnen war und ob das alles überhaupt finanziell zu stemmen wäre. Ziemlich schnell klar wurde auch: Die Pflegekraft würde dann im Haus wohnen, mindestens ein eigenes Zimmer (am besten mit eigenem Bad) brauchen (siehe Kapitel »Fragen über Fragen zu den Fragen«) – und dazu müsste der gesamte Haushalt, von dem böse Zungen behaupteten, er wäre im Messie-Zustand, ausgeräumt und umgekrempelt werden. Doch kaum hatte ich mir einen Überblick verschafft und »vorsichtshalber« mal Urlaub genommen, saß der berühmte Teufel im Detail.

Die »Hausumgestaltung« – um das mal so zu nennen – war

noch die einfachste Hürde, die zu nehmen war. Freunde und Verwandte vor Ort sagten mir sofort Hilfe zu, und in tagelangen, konzertierten Aktionen machten wir alle zusammen unter anderem eine Garage wieder befahrbar, ein Waschküchenbad mit seit 1982 gehorteten Putzmitteln wieder zugänglich und leerten mein altes Kinderzimmer, das zu einer Mischung aus Speisekammer, Bügelraum und Spielzeugsammellager der Enkelkinder geworden war, bis auf das Mobiliar. Normalerweise (schon wieder) wären dabei vermutlich noch mehr Tränen geflossen – zu viele Gegenstände erinnerten an unbeschwerte Zeiten: eine Schallplatte, für die ich monatelang mein Taschengeld gespart hatte; Christbaumkugeln, die meiner Mutter heilig waren und jedes Weihnachtsfest begleitet hatten; Bergsteigerseile, mit denen mein Vater als junger, kräftiger Mann in den besten Jahren Gipfel erklommen hatte; eine Schuhschachtel, in der meine Mutter die Erstausstattung meines verstorbenen Bruders aufbewahrte; ein Nerzmantel (wusste eine Bekannte, hätte ich nicht erkannt), den meine Mutter wohl heimlich mal erworben oder geschenkt bekommen hatte (jedenfalls hatte sie mir nichts davon gesagt, vermutlich weil ich auf die Barrikaden gegangen wäre, da man doch keine solchen Felle trägt); Duftseifen in Originalverpackungen mit den liebevollen Begleitschreiben von Verwandten und Freunden …

Emotionen ohne Ende … die aber der pure Handlungszwang in seine natürlichen Schranken verwies. Denn bei alldem galt es nicht nur auszuräumen, sondern auch wichtige Unterlagen nicht versehentlich »mitzuentsorgen« (siehe Kapitel »Ordnung ist das halbe Leben«). Diese »Hausaktion« lief jedenfalls, auch und vor allem, weil die Freunde halfen, Hürden wie geschlossene Wertstoffhöfe kreativ mit Spendenaktionen, Mietcontainern und Secondhandverkäufen zu meistern.

Bei der Suche nach einer Agentur blieb ich jedoch auf mich selbst zurückgeworfen, denn niemand konnte mir einen ultimativen Tipp geben. Wie auch? Die wenigen Bekannten mit Agenturerfahrung hatten jeweils komplett unterschiedliche Erfahrungen gemacht (»Das ist der Horror« oder »Such dir was vor Ort« oder »Nimm unbedingt eine internationale Agentur«). Die Botschaften waren für mich völlig widersprüchlich und verwirrend. Also versuchte ich einfach, mich an den objektiven Kriterien der Stiftung Warentest zu orientieren. Deren Hauptaufmerksamkeit bei der Bewertung von Agenturen lag vor allem in möglichst lupenreinen, juristisch sicheren Arbeitsverträgen, mit denen keiner in den Verdacht kommen konnte, Gesetze durch Schwarzarbeit zu unterlaufen. In den Vergleichsberichten spielte auch noch etwas anderes eine Rolle: die Bezahlung der Pflegekräfte, also der monatliche Betrag. Und der schwankte erheblich zwischen den Agenturen. Während die einen bei 1700 Euro im Monat begannen, forderten andere mindestens 2900 Euro. Nun soll es ja Leute geben, bei denen Geld keine Rolle spielt – aber bei uns eben schon. Und deshalb achtete ich natürlich zuerst auch darauf. Denn wo sollte schon der Unterschied liegen, wenn eine Betreuerin passte oder eben nicht? Ließen sich denn Menschlichkeit und Fürsorge in einem Gehalt messen? Waren die billigeren Agenturen nicht einfach besser organisiert, weniger auf Profit versessen und konnten deshalb ihre Dienste kostengünstiger anbieten?

Vor allem eine Agentur stach mit Abstand ins Auge: eine polnisch-deutsche Firma, die mir wie die Faust aufs Auge zu meinem Vater zu passen schien. Denn mein Papa ist tiefkatholisch – und das sind die Polen bekanntlich ja auch (wusste ich auch ohne Reise dorthin!). Und geben mittlerweile in den Großstädten nicht auch Atheisten die Kinder in katholische Schulen, weil dort die Bildung und Erziehung einfach solider ist? Und auch mein Vater sagte früher immer zu Freunden: »Geh in ein katholisches Krankenhaus, da bist du besser versorgt!« Also waren die Würfel schnell gefallen, und ich meldete mich bei der polnisch-deutschen Agentur.

Freundlich und professionell wurde ich von einer Mitarbeiterin aufgefordert, noch ein paar Unterlagen auszufüllen, dann bekäme ich Vorschläge für Betreuungspersonen. Klar doch, die müssen mehr wissen, dachte ich, damit alles gut zusammenpasst. Mir persönlich war damals wichtig, dass die Pflegekraft einen Führerschein hat, denn in der Kleinstadt meines Vaters gab es kaum öffentlichen Nahverkehr, und der Weg zur Kirche war für meinen Vater vor allem im Winter schon länger schwierig zu bewältigen. Deutschkenntnisse schienen mir auch wichtig, aber nicht so entscheidend. Papa hatte schließlich ein intaktes soziales Umfeld und mehr als genug gute Freunde und Verwandte. Denn zu meinem großen Erstaunen waren die Preise der Betreuerinnen nicht nach Jahren der Berufserfahrung oder Ausbildung gestaffelt, sondern nach den Deutschkenntnissen – die billigste Kategorie (Grundkenntnisse) wollte ich natürlich nicht nehmen, aber auch nicht die teuerste (komplexe Unterhaltungen). In dieser Preisspanne (fast 2000 Euro Unterschied) lagen ja auch mittlere Bereiche. Perfekte Sprachkenntnisse sind nun wirklich nicht entscheidend im Leben!

Die für die Agentur auszufüllende »Selbstauskunft« war wiederum ein Schock – nicht weil die Fragen unverschämt gewesen wären, sondern weil plötzlich im Raum stand, was noch alles an Gebrechen und Verfallserscheinungen kommen könnte. Ob mein Vater noch alleine gehen könne? Ob er aggressiv sei? Und ob er »gewindelt« werden müsse – Begriffe, die ich noch nie zuvor gehört hatte (siehe Kapitel »Fragen über Fragen zu den Fragen«).

Ich füllte alles wahrheitsgemäß aus und schickte das Material los – eine Stunde später blinkten auf meinem E-Mail-Account plötzlich die Bilder von fast zehn Betreuerinnen auf. Dazu ihr Lebenslauf, bisweilen Arbeitszeugnisse beigefügt. Immer dabei: eine detaillierte Beschreibung ihrer Stärken und Erfahrungen.

Ui! Einerseits las ich neugierig die Lebensläufe der jeweiligen Menschen, andererseits kam ich mir vor wie eine »übergriffige Deutsche«, eine Spät-Kolonialistin (auch wenn das mit den

Kolonien nun nicht gerade eine rein deutsch-miese Spezialität gegenüber der Welt gewesen ist). Aber nur damit keiner glaubt, ich würde unsere Geschichte verharmlosen wollen, sei hier sichergestellt, dass unzweifelhaft die Deutschen Polen überfallen und damit den Zweiten Weltkrieg eingeleitet haben. Und nun entscheidet Jahrzehnte später eine Deutsche wie ich über die Anstellung einer Polin, weil in dem Nachbarland die Gehälter so viel geringer sind? Und überhaupt: die Entscheidung über eine Anstellung! Ich war in meinem Leben noch niemals eine Arbeitgeberin gewesen. Was mir ins Haus flatterte, war vielleicht für Personalchefs tägliches Brot. Aber mir kam es regelrecht unanständig vor, Menschen »auszuwählen« – nur nach solchen Papieren.

Da aber die Zeit drängte, konnte ich mich auch in diesem Fall nicht weiter mit solchen Gefühlen aufhalten und musste einfach entscheiden. Papa brauchte eine Betreuung – egal, ob ich mich dabei fühlte wie eine übermächtige Deutsche. Ich sagte mir: Halte die Geschichte und die Politik außen vor! Europa wächst zusammen. Wir arbeiten nicht umsonst weiter an der EU! Es geht hier und jetzt um dich und deinen Vater. Punkt. Aus. Amen. Just do it!

Gedacht, getan.

Die Auswahl der Bewerberinnen (jetzt nur noch Frauen) schmolz ohnehin auf zwei zusammen. Alle anderen hatten keinen Führerschein. Und außerdem war Ende Juli, also kurz vor August. Muss frau wissen: Im August sind die Agenturkräfte besonders gefragt, denn da gehen viele Angehörige von Pflegebedürftigen in Urlaub und es besteht eine ganz hohe Nachfrage. Die zwei Tage, die ich überlegte, wer nun am besten passen würde, kosteten die »Wunschbesetzung«. Denn, so die Agentur, da sei ich nun einfach zu spät dran und die Frauen schon anderweitig gebucht. Herrje! Aber okay. Dann eben jetzt umso schneller handeln. Ich entschied mich innerhalb einer Stunde nun für den neuen Vorschlag mit Führerschein, Frau Elena – sie sah auf dem

Bild einfach am sympathischsten aus. Mit einem Bus sollte sie am übernächsten Tag anreisen, einen Tag bevor Papa aus der Reha entlassen würde, das hatte ich genau getimt, um sie noch gut einweisen zu können.

Vor dem Einschlafen las ich noch einmal Elenas Lebenslauf. Sie mochte Katzen, rauchte nicht, las gerne Bücher, hatte vier Jahre eine 87-Jährige mit Demenz betreut, sprach mittelgut Deutsch und hatte einen Führerschein, wenn auch mit wenig Fahrpraxis. Okay. Der Wagen meines Vaters hatte eh schon viele Beulen, das kriegten wir hin. Mein Mann konnte ihr ja noch mal ein paar »Fahrstunden« geben. Mein ausgeräumtes Kinderzimmer stand bereit für sie. Alle Schränke waren leer. Ich hatte bei Ikea Felle, einen kleinen Kühlschrank und eine neue Sitzgruppe besorgt. Möglichst zurückhaltend, denn sie sollte sich das Zimmer selbst gemütlich einrichten können, ich wollte ihr nicht meinen Geschmack aufzwingen.

Die Ansage war: Elena kommt zwischen vier Uhr nachts und elf Uhr morgens mit dem Kleinbus an. Ich stellte den Wecker auf drei Uhr und wartete.

Elena kam nicht.

Es kam auch kein Bus.

Dank meiner Sizilienerfahrung fragte ich nicht erst am nächsten Tag nach, sondern rief schon um zwölf Uhr bei der Agentur an.

Die freundliche Polin der Agentur erklärte, es tue ihr schrecklich leid, aber das passiere nun gerade immer öfter, weil die Löhne in Polen mittlerweile gestiegen seien und es überhaupt nicht mehr so einfach sei – vor allem kurz vor der August-Ferienzeit –, überhaupt jemanden zu finden. Warum Elena aber nicht mal abgesagt habe, könne sie sich auch nicht erklären, bei ihr habe sie sich auch nicht gemeldet.

Und nun? Am nächsten Tag sollte mein Papa heimkommen. Die freundliche Agenturleitung versprach »selbstverständlich« schnellsten Ersatz. Sie schickte zwei Bilder und Bewerbungs-

schreiben. Beide Kandidatinnen hatten »mittlere« Deutsch-
kenntnisse, kosteten zweihundert Euro mehr als geplant – und
nur eine hatte einen Führerschein. Damit war alles klar, und
meine Entscheidung fiel auf die fünfzigjährige Martyna.

Jetzt rief auch noch eine Bekannte zurück, die ich vorher nicht
erreicht hatte. »Bist du verrückt, über eine Agentur zu gehen?
Die zocken nur Kohle ab, die den Arbeitskräften dann fehlt.
Weißt du, was die an Provision kassieren?« Nein, wusste ich
nicht. Aber wie sollte ich das auch privat organisieren? Die Bekannte gab mir die Nummern von Ungarinnen, die super wären
und ihre Mutter genial gut versorgt hätten, und ich rief sie hek-
tisch an – aber die hatten alle mittlerweile einen anderen Job.
Außerdem konnte ich mich kaum mit ihnen verständigen, weder
auf Deutsch noch auf Englisch oder Französisch – ganz zu
schweigen von meinen nicht vorhandenen Ungarisch-Kennt-
nissen. Und außerdem: Sollte ich selbst einen internationalen
Arbeitsvertrag aufsetzen und so mit einem Bein im Gefängnis
stehen, wenn die Beschäftigung dann doch nicht juristisch
lupenrein war und womöglich als Schwarzarbeit galt? Nein, es
gab keine Alternative zu Martyna.

Am nächsten Tag um vier Uhr morgens klingelte es an der Haustür. Uff! Alles noch mal gut geworden. Eine etwas verlebt aussehende Frau stand vor mir. Sie hieß aber nicht Martyna, sondern Marina. Die Sätze, die ich mittels polnischem Sprachführer
zuvor auswendig gelernt hatte, verstand sie nicht.

Ah, sie war gar keine Polin, sondern Rumänin!

Und nein, in diesem »Kinderzimmer«, das ich da für sie be-
reithielt, wollte sie nicht schlafen. Mitten in der Nacht räumte ich
das Gästezimmer, in dem ich mich eingerichtet hatte, um Marina
dort einziehen zu lassen.

Ein ungutes Gefühl im Magen breitete sich aus. Aber in ein
paar Stunden würde Papa aus der Reha zurückkommen, und
jetzt hieß es einfach, pragmatisch zu sein!

Und am nächsten Morgen bemühte sich Marina nach der sicherlich sehr anstrengenden Reise auch redlichst, möglichst alle Speisevorlieben von Papa zu erfahren. Ich zeigte ihr das Haus, die Küche, die Kleinstadt – und wir gingen einkaufen, damit sie alle Zutaten hatte für die gute rumänische Küche, von der sie mir vorschwärmte.

Ich geriet an diesem Tag über etwas anderes ins Schwärmen: die App Google-Übersetzer. Mein Sohn hatte mich darauf hingewiesen (»Wie, das kennst du nicht? Nimmt doch jeder im Urlaub her!«). Das Programm ließ sich ganz einfach auf dem Handy installieren, kannte alle europäischen Sprachen und übersetzte nicht nur, sondern »dolmetschte« sogar! »Dolmetscht« deshalb, weil ich etwas zeitverzögert entdeckte, dass wir nicht nur tippen mussten, um eine Übersetzung zu bekommen, sondern auch einfach in das Programm »hineinsprechen« konnten. Also ähnlich wie bei Siri. So konnte ich Marina erklären, dass mein Vater Mehlspeisen liebt, dass der Badezimmerheizkörper nicht gut funktioniert und bei welchem Nachbarn sie im Notfall immer klingeln konnte. Sogar Maisgrieß kannte der Google-Übersetzer – und deshalb konnten wir das Lebensmittel im Supermarkt erstehen!

Über die Freude der unverhofften Kommunikationsmöglichkeit vergaß ich fast, dass die Agentur offenbar eine etwas andere Auffassung als ich davon hatte, was mittleres bis gutes Deutsch heißt – Marinas Sprachkenntnisse bestanden aus insgesamt rund zehn (in Ziffern: 10!) deutschen Wörtern, die sie sprechen konnte: Papa, morgen, danke, Mehl, Bohnen, bitte, Kirche, Löffel, Haus, gehen und Treppenlift. Weniger Interpretationsspielraum ließ eine andere Angabe im Vertrag: Da stand »hat einen Führerschein«. Marina aber hatte gar keine Fahrlizenz.

Hm. Na gut beziehungsweise ungut – aber nun war Marina schon da. Und auch mein Papa kam nach drei Wochen Krankenhaus und sechs Wochen Reha endlich wieder in sein Haus zurück. Ich stellte beide einander vor. Sie gingen offen aufeinander zu. Marina tischte auch gleich rumänische Süßigkeiten auf. Und nach weiteren Stunden der Einweisung und des Kennenlernens wollte ich mich nun zurückhalten und den beiden eine Chance geben, sich ohne meine Einmischungen aufeinander einzustellen. Ich fuhr heim in meine Münchner Wohnung.

Keine Stunde später kam ein Anruf in aufgeregtem Rumänisch: »Papa gehen!«, verstand ich wenigstens. Mehr nicht. Ich rief den Nachbarn an, der rüberging und nachsah. Ah, mit Gesten erklärte Marina dem Nachbarn, dass mein Vater offenbar mit dem Fahrrad abgehauen war, Marina aber nicht Fahrrad fahren konnte und ihm deshalb nicht mit dem Rad meiner Mutter gefolgt war. Der Nachbar half, sammelte Papa in der Kirche wieder ein und brachte ihn und das Fahrrad nach Hause. (Übrigens ist das am Rande ein bis heute für mich ungelöstes Rätsel – keine einzige auch der weiteren osteuropäischen Betreuerinnen konnte Fahrrad fahren.)

Es ging weiter mit Aufregungen: Mein Vater wollte seine Medikamente nicht nehmen, sich nicht waschen lassen, Marina legte aus Versehen den Strom im Haus lahm, eine Maus zeigte sich im Gästezimmer, und Marina verweigerte einem Freund Papas (weil sie ihn nicht kannte und Fremden misstraute), ihn im Auto mit zur Kirche zu nehmen. Da der Google-Übersetzer übers Telefon nicht funktionierte und Marina weder bei WhatsApp war noch selbst das Programm auf ihrem Handy bedienen konnte, fuhr ich jeden zweiten Tag über hundert Kilometer zu ihnen hin oder spannte den Nachbarn ein.

Also irgendwie hatte ich mir das weniger mühsam vorgestellt. Ach ja, ich war auch davon ausgegangen, dass die Betreuungskraft »mittleres Deutsch« spricht.

Mir dämmerte nicht nur, dass ich somit fast tausend Euro mehr bezahlte, als eigentlich vertraglich vereinbart war. Und noch etwas viel Gewichtigeres: *Ich* konnte mich ja noch vor Ort mit ihr ganz gut verständigen – aber eine Unterhaltung zwischen ihr und Papa war kaum möglich. »Das musst du monieren!«, riet mein Mann, und ich rief bei der Agentur an.

Die Mitarbeiterin dort war erstaunt: Marina habe ganz andere Angaben gemacht, auch zum Führerschein. Es tue ihr schrecklich leid, aber mit dem Preis könne sie deshalb nicht runtergehen. Ich schluckte. Aber was sollte ich tun? Marina hatte versprochen, jeden Tag ein wenig Deutsch zu lernen. Und ich konnte doch – kaum hatte Papa seine Pflegekraft kennengelernt – nicht gleich eine andere suchen. Auf jeden Fall aber stellte ich Marina zur Rede. Die behauptete nun aber, die Agentur hätte alles beschönigt, sie hätte alles wahrheitsgemäß angegeben. Dabei erwähnte sie auch, dass sie nur die Hälfte von dem Geld bekäme, das ich an die Agentur bezahlte. Ich schluckte wieder. Das war doch Ausbeutung!

Doch dann passierte immer mehr, was mich ärgerte und mich fragen ließ, welcher Person ich da eigentlich meinen Papa anvertraute. Marina sperrte nicht das Fahrrad ab, sondern meinen Vater ein, damit er nicht mehr abhaute. Mein Papa gab ihr Geld für den Haushalt (obwohl ausdrücklich vereinbart war, dass ich das machen würde). Und der Nachbar, den ich um Beobachtungen gebeten hatte, um die Kommunikation zu vereinfachen, berichtete, Marina sei betrunken zur Abendmesse gekommen und stelle Papa nur mal schnell ein Essen auf der Terrasse hin, ohne mit ihm gemeinsam zu speisen. Nur wenn Besuch auftauchte, würde sie sich dazusetzen und so tun, als würde sie sich rührend um Papa kümmern.

Ich kochte hoch. So nicht! Zwar fehlten mir die Vergleichsmaßstäbe, und ich war auch denkbar ungeeignet, um von Agenturen ausgebeuteten Arbeitnehmerinnen persönlich etwas vorzuwerfen, aber das konnte einfach nicht die »liebevolle Betreuung« sein, mit der die Agentur geworben hatte. Ich sprach zuerst mit Marina, denn der menschliche Anstand gebot es, sie erst einmal zu

Wort kommen zu lassen. Marina stritt alles ab. Und verstrickte sich in weitere Widersprüche. In ihrem Alter über sechzig fände sie nur sehr schwer einen anderen Job. Moment mal! Stand nicht im Vertrag, sie sei fünfzig Jahre alt? Ist sie nicht »verlebt« ausse-hend, sondern schlicht und einfach ein ganz anderer Jahrgang als behauptet? Nicht, dass ich junge Kräfte ausbeuten wollte, aber durfte man so grob über das Alter lügen? Ich rief bei der Agentur an und fragte nach, wer mir hier nun die Unwahrheit gesagt habe. Marina oder die Vermittlung dort? Doch statt einer Antwort er-hielt ich nun den Bericht, dass sich Marina über mich beschwert habe. Ich hätte sie in ein »Kellerloch«, also das Gästezimmer, ge-zwungen, und ich würde ständig nur nörgeln.

Jetzt explodierte ich.

So ging das nicht weiter! Plötzlich verstand ich, warum jeder Arbeitgeber eine Probezeit vereinbart. Plötzlich verstand ich auch die Masche der von der Stiftung Warentest so gut bewerte-ten Agentur: Die heuerten einfach Leute an, deren Deutsch-kenntnisse sie der eigenen Einschätzung überließen, und hofften einfach mal, dass alles gut ging – das Einkassieren der eigenen Provision inbegriffen. Denn aus dem Vertrag – so ergab ein er-neuter Blick in die Unterlagen – kam ich so schnell nicht raus, ohne die jährlich vorab zu entrichtende Gebühr in den Sand zu setzen. Im Vertrag stand aber auch, dass ich – vor allem in den ersten zwei Wochen – ein Recht auf einen Kräftewechsel hätte, wenn es nicht »passen würde«.

Schwierige Ferienzeit im August hin oder her – Umgewöh-nung hin oder her. Es musste sofort jemand anderes kommen. Lieber ein Ende mit Schrecken als ein Schrecken ohne Ende. Sagte mein Kopf. Meine Gefühle sprangen im Dreieck: Wie konntest du deinen Papa nur so einer Situation mit einer solchen Person aussetzen? Was war ich nur für eine Rabentochter, die die Basics jeder Anstellung nicht peilte, fiese Tricks von Agenturen nicht durchschaute und damit den liebsten Alten, also Papa, solchen Leuten überließ?

Wieder einmal blieb keine Zeit mehr, um mich noch mehr aufzuregen. Die Agentur sagte zu, dass am nächsten Tag mit dem Kleinbus morgens zwischen sechs und zehn Uhr eine neue Kraft kommen könnte, die ukrainische Anastasia, fünfundfünfzig Jahre, mit Führerschein, eine »äußerst liebevolle Person« mit Erfahrung bei Dementen, eine wunderbare Frau – und überhaupt gerade die einzige Kraft, die im August so schnell und spontan anreisen könnte. Ich schaute mir die Unterlagen nicht näher an, ich überlegte mir nicht mehr, ob die Person zu Papa passen könnte, ich wusste nur: Schlimmer konnte es nicht werden. Ich hatte jetzt gerade nur etwas zu gewinnen und nichts mehr zu verlieren.

Marina tobte und sperrte Papa im Schlafzimmer ein – aber ich war vor Ort, musste ich eh sein, wartend auf Anastasia. Falls sie kam. Falls sie wirklich einen Führerschein hatte. Falls sie mindestens zehn Wörter Deutsch sprach.

Anastasia kam morgens um acht Uhr mit dem Kleinbus – der Martina, die uns hinterherfluchte, wiederum mitnahm. Anastasia fragte bescheiden, welches Zimmer sie beziehen solle und was mein Vater gerne esse. Und ob sie vielleicht zwei Stunden schlafen könnte, denn die Nacht ohne Bett im Bus sei anstrengend gewesen. Aber natürlich!

Als ich schließlich am nächsten Tag aufstand, hatte Anastasia bereits die Küche erkundet und die Unterlagen zu meinem Vater gelesen. Sie servierte uns ein ukrainisches Frühstück auf der Terrasse und zückte ihr Handy – ihr Sohn habe ihr etwas ganz Tolles gezeigt, den Google-Übersetzer, obwohl sie ja sicherheitshalber gerade einen Online-Deutschkurs besuche, denn nichts gehe über das altmodische Sprachenlernen, das Wichtigste in der Kommunikation mit älteren Herrschaften zudem.

Innerhalb von nur einer Woche wurden Anastasia und ich nicht nur faire Arbeitspartner, sondern auch Freundinnen fürs Leben.

Und mit von der Partie im Freundschafts-Trio, da sind wir uns einig: der Google-Übersetzer.

Anastasia hatte ein Grundgefühl für Papa, das einfach passte. Sie brachte liebevoll das Haus neu in Schwung, sodass sich Papa dabei aufgehoben fühlte. Anastasia kochte exzellent und aß mit meinem Vater. Papa gab ihr als ehemaliger Lehrer gerne »einen Sprachkurs«. Und als ich mal überraschend auftauchte, saßen beide im Wohnzimmer und legten ein Puzzle – denn Anastasia hatte gehört, dass Puzzles hilfreich bei Demenz seien.

Und Anastasia hatte vor allem auch noch etwas, das unbezahlbar war: Sie beherrschte den Google-Übersetzer aus dem Effeff. Jedes Anliegen lief ganz easy über WhatsApp. »Papa büxte mit dem Fahrrad ab«, schrieb sie. Ich zurück: »Er wird in der Kirche sein, da kannst du ihn finden, hole ihn dort ab.« – »Alles klar, gefunden und heimgebracht«, kam es zehn Minuten später.

Der Nachbar berichtete von viel Lachen im Haus.

Wenn ich samt Tochter, Mann und Sohn kam, wurden wir mit ukrainischen Speisen gemästet, denn ich sei zu dünn, wie Anastasia meinte. Was sie übrigens gar nicht verstand, sie, die zuvor in England gearbeitet hatte, wieso die Germans dort »Krauts« hießen. Dieses Lebensmittel sei ja wohl mehr eine Spezialität der ukrainischen Küche. Anastasia erzählte von der Korruption in ihrem Land, von der Mentalität, nichts so ganz offen anzusprechen, vom Verhältnis zu Russland, von Tschernobyl und ihrer Begegnung mit Wladimir Klitschko. Wir plapperten und plapperten und versuchten uns daran zu erinnern, dass es nicht um uns beide ging, sondern um die Betreuung meines Vaters. Papa hörte aufmerksam zu und lachte. Wir sollten uns doch um ihn keine Sorgen machen!

Dass Anastasia mit tatsächlich vorhandenem Führerschein später den Wagen meines Vaters ohne »Personenschaden« zu Schrott fuhr – so what? Solche Lappalien interessieren nur Spießer-Krauts!

TANTE LICI* WEISS
HAARGENAU BESCHEID –
UND ZWAR ZU JEDEM THEMA

Name von der Redaktion übrigens geändert, denn ich bin ja nicht nachtragend und will Tante Anni keinesfalls persönlich hinhängen!

Manche Familien sollen ja von solchen Plagegeistern verschont bleiben – wir leider nicht. Bei uns trägt dieser Plagegeist den Namen »Tante Lici«. Tante Lici wusste schon immer mehr als wir anderen Normalsterblichen in der Sippe und verkündete dies bevorzugt meiner Mutter.

»Du kannst doch dem Kind nicht so ein Kleid anziehen! Wie sieht denn das aus?! Gelb! Das ist die Farbe des Neides!«

»Wenn du die Monika auf das Gymnasium gehen lässt, kriegt die später nie einen Mann. Wer will denn so eine Emanze?«

»Wie, ihr seid beim Griechen essen gewesen? Unmöglich! Du weißt schon, dass ihr damit der deutschen Wirtschaft immens schadet!«

Selbstverständlich hat meine Mutter die hanebüchenen Bemerkungen von Tante Lici versucht zu ignorieren. »Die ist halt so, aber sie hat auch ihre guten Seiten«, pflegte meine Mutter immer zu sagen, »sie ist wirklich hilfsbereit und kümmert sich um andere.« Und mein Vater ergänzte gerne – obwohl er ihr auch in herzlicher Abneigung verbunden war: »Verwandtschaft kann man sich nicht aussuchen, im Gegensatz zu Freunden.«

Dennoch erinnere ich mich noch heute mit Schrecken daran, wie es war, wenn Tante Lici früher ihren Besuch ankündigte – und dann auch noch eintraf. Tage vorher schon war meine Mama in heller Aufregung, putzte das ganze Haus bis in den hintersten Kellerraum hinein blitzblank, beriet sich mit anderen Verwandten, welcher Kuchen bei Tante Lici nicht in Ungnade fallen würde, und zwang mich dann am Tag des Besuchs, ein Kleid (»Nur bloß nicht gelb! Und schon gar keine Hose!«) anzuziehen, in dem ich möglichst adrett wirken sollte.

In gefühlt neun von zehn Fällen nutzte die ganze akribische Vorbereitung auf den Besuch trotzdem nichts. Tante Lici fiel immer etwas auf, an das meine Mutter (»Ach, du Dummerchen!«) nicht gedacht hatte. Aber in einem von zehn Fällen war das Bemühen meiner Mama von einem triumphalen Erfolg gekrönt: »Schön war es bei euch!«, sagte Tante Lici da zum Abschied. Und so einem Erfolg jagte meine Mutter dann offenbar immer hinterher, wie ein Spieler, der am Automaten in seltenen Momenten eine Gewinnausschüttung bekam und diese unter allen Umständen wiederholen wollte.

Nach meinem Auszug daheim geriet Tante Lici zunehmend aus meinem Blickfeld. Zwar hatte sie mich als junge Studentin noch ein paarmal angerufen, bevorzugt um sechs Uhr morgens, damit ich endlich lernen würde, früh aufzustehen, aber meine Reaktionen darauf fielen eher »unelegant« aus, um das mal diplomatisch so zu nennen. Wobei ich wirklich nicht ausfällig wurde, ich schwöre! Schließlich ging ich um diese Uhrzeit einfach nicht mehr ans Telefon. Was Tante Lici wiederum dazu veranlasste, meiner Mutter die Hölle heißzumachen: »Die Monika gerät noch in einen Drogensumpf, falls sie da nicht schon längst drin ist! Die geht nicht mehr ans Telefon. Und stell dir vor: Die hat sich jetzt so ein Gerät angeschafft, einen Anrufbeantworter. Bestimmt doch bloß, um allen auszuweichen. Was treibt die denn in Wahrheit? Nein, auf so einen Anrufbeantworter werde ich niemals sprechen. Das ist doch völlig unnatürlich. Kein Mensch redet mit einer Maschine! Du musst dich um deine Tochter kümmern! In welche Kreise ist sie da geraten? Ich hab dir das doch gleich gesagt, bei diesen Studenten heute weiß man nie!«

Irgendwann einmal platzte mir dann doch der Kragen – obwohl ich wusste, dass Tante Lici danach meine Mutter noch mehr unter Druck setzen würde. Denn *ich* wusste mich gegen sie zu wehren, nicht aber meine Mama. Und vor allem war ich Anfang zwanzig, mit der kämpferischen Kraft dieser Altersklasse. Ich verbat Tante Lici irgendwelche Einmischungen in mein Leben, jegliche Anrufe und ließ mich sogar dazu hinreißen zu sagen: »Leider werden wir uns auf Familienfesten wiedersehen, aber wundere dich nicht, wenn ich mich dann an die andere Tischseite setze.« Tante Lici verfiel daraufhin in Schnappatmung, und ich befürchtete kurz Schlimmeres – aber das trat nicht ein. Und nicht einmal das Erwartete trat ein: Sie machte daraufhin auch meiner Mama nicht die Hölle heiß, sondern schimpfte mich nur »eine unmögliche Person« und ignorierte mich danach.

In den folgenden Jahren gingen wir uns aus dem Weg, und irgendwann saß ich bei einem Familienfest sogar wieder neben ihr an einem Tisch, und wir unterhielten uns über unverfängliche Themen (auch wenn es höchst wenige gab) einigermaßen passabel. Nur meine Mutter berichtete immer mal wieder davon, dass Tante Lici dieses oder jenes angemahnt habe. Vielleicht verschwieg meine Mama auch – um *mich* wiederum zu schonen – bestimmte Spitzen.

Jedenfalls hatten wir uns irgendwie arrangiert, und als reifere Frau lässt man auch eine Person der Spezies Tante Lici als eine Art nicht zu verändernde Naturgewalt gelten im Bewusstsein, dass gegen Katastrophen wie Erdbeben, Vulkanausbrüche, Pandemien und solche Verwandte keine Argumente helfen. Die können einfach unberechenbar im Leben eintreten oder eine dauerhafte Drohkulisse über Jahrzehnte aufrechterhalten – wirklich abzuwenden sind sie nicht. Und da ich auch nicht die seismografischen Ausschläge des Vesuvs verfolge, trat das Thema Tante Lici in meinem Leben völlig in den Hintergrund.

Bis meine Mutter schwächer und sehr krank wurde und Tante Lici plötzlich wieder auf der Matte stand.

»Wie geht es denn der Mama? Ruf mich an!«, hörte ich auf meinem Anrufbeantworter. »Ich mag so Zeug wie E-Mails nicht! Das ist doch unnatürlich, sich über so einen Computer zu schreiben.«

Während ich den anderen Bekannten und Verwandten und Freunden meiner Eltern eine »Rundmail« schickte (einfach weil mir die Zeit fehlte, zwischen elterlichem Herzinfarkt und Schlaganfall und eigenem Job alle ganz persönlich zum Stand der Dinge zu informieren, was auch alle verstanden), bekam Tante Lici ihre Extrawurst gebraten. Ich rief sie jeden dritten Tag an. »Ich will dich nicht aufhalten«, meinte sie stets freundlich. Aber das dann folgende »Ach, und noch etwas« kostete mich mehrere Abendessen, an denen ich nach erschöpfenden Odysseen durch Kliniken nicht teilnehmen konnte, obwohl mein Mann und Eva extra gekocht hatten, um mich mit meinen Lieblingsmahlzeiten aufzupäppeln.

Es setzte sich fort mit »dringendsten« Rückrufaufforderungen, denn sie habe etwas ganz Wichtiges zu sagen: »Du musst mit dem Chefarzt persönlich sprechen! Die wollen doch alle nur Geld und die Betten belegen!«

Und weiter ging es mit: »Du kannst doch nicht einen Pflegeantrag stellen! Damit sortierst du Mama und Papa zum alten Eisen aus, das bringt sie noch ins Grab!«

Später, als ich gerade auf einer Geschäftsreise war: »Du musst sofort heimkommen! Da ist eine Katastrophe!« – Auf Nachfrage stellt sich heraus, dass Tante Lici bei einem spontanen Besuch in meinem Elternhaus auf die wunderbare 24/7-Pflegekraft Anastasia gestoßen war, die es doch tatsächlich gewagt hatte, in ihrem

Zimmer Musik zu hören, während mein Vater einen Mittagsschlief hielt, und erst beim zweiten Klingeln die Haustüre geöffnet hatte. Tante Lici sei aber sofort eingeschritten und habe dieser »unmöglichen Person« (»Das hast du nun von den Ausländern im Haus!«) ihren Job erklärt. Wie gut, dass sie selbst ab und zu nach dem Rechten sehe!

Auf dem Rückweg von der Geschäftsreise nahm ich einen Umweg, um ebenfalls überraschend im Elternhaus aufzutauchen und meinerseits nach dem Rechten zu sehen. Ich fand eine Anastasia vor, mit der mein Vater scherzte und mit der er sich sichtlich wohlfühlte. Das Haus war blitzblank geputzt. Und Anastasia war auf die Idee gekommen, einen Speziallöffel zu kaufen, mit dem mein Vater besser essen konnte.

Nein, auch wenn ich nicht ständig vor Ort sein und alles kontrollieren konnte – ich spürte doch, dass hier einfach alles rund und gut lief. Ich hatte mich nur von Tante Lici ins Bockshorn jagen lassen. Anastasia war (nach zwei eher unguten Erfahrungen, siehe Kapitel »Alltägliche Abenteuer«) einfach ein Glücksgriff.

Kaum war ich zurück in München und betrat hungrig die Wohnung, klingelte das Telefon. Ja, Sie können es sich denken, Tante Lici war dran! Sie habe von meinem Besuch bei Papa heute gehört. Sie habe nun ja Jahre beziehungsweise Jahrzehnte geschwiegen, weil ich immer so empfindlich reagieren würde, aber jetzt müsse sie das einfach sagen: Ob ich das nun auch gesehen hätte, nach ihrer aufmerksamen Warnung, diesen Zustand bei Papa? Der gehöre sofort ins Pflegeheim. Alles sei besser, als dass mein Vater weiter dieser Ausländerin ausgeliefert sei. Es sei einfach unerträglich, dass ich nur Geld sparen wolle und vermutlich unterdessen das Konto meines Papas für eigene Zwecke plünderte, ob ich denn gar kein Gewissen mehr hätte?

Der dreiste Überfall machte mich sprachlos. Mir fielen nicht mal mehr die richtigen Argumente ein: Die Pflege daheim kostete uns wesentlich mehr als ein Heim, ganz zu schweigen von dem organisatorischen Aufwand, und überhaupt gab es da gar kein Konto zu plündern, sondern ich zahlte vielmehr sogar noch etwas drauf …

Aber das fiel mir alles nicht ein. Es hatte mir auch den Appetit verschlagen. Eva sah mich blass werden. Sie fragte nach, was denn los sei, und ich erzählte von dem immer schon schwierigen Verhältnis zu Tante Lici.

»Wieso tust du dir diese Person an?«, fragte mich meine Tochter einigermaßen fassungslos. »Mit der würde ich kein Wort mehr wechseln!«

»Na ja, sie hat auch ihre guten Seiten. Sie ist hilfsbereit!«, hörte ich mich sagen.

Eva nahm mich ins Visier. Ein sehr scharfer Blick der Tochter. »Aha, und wobei hilft sie? Beim Madigmachen von allem und jedem? Beim Reindrücken ihrer negativen Weltsicht?«

»Verwandtschaft kannst du dir nicht aussuchen!«, entgegnete ich etwas hilflos.

Eva fuhr hoch – geistig und körperlich. Mit der Power einer Anfang Zwanzigjährigen sprang sie auf. »Verwandtschaft kann man sich vielleicht nicht aussuchen, aber die, mit der du Kontakt hast!«

»Eva, es ist … Tante Lici ist Papa auch wichtig!«

»Du redest ja wie Oma, die sich auch immer vom Gerede solcher Leute hat erpressen lassen!«

Seufzend nickte ich. Ja. Sie hatte recht, die Tochter. Es fiel mir wie Schuppen von den Augen.

Und ich hielt Eva nicht davon ab, auf der Stelle Tante Lici anzurufen und zornig ein »Kontaktverbot« zu mir und Papa auszusprechen – das sei wichtig für die psychische Gesundheit von uns allen. Ihre negative Energie könne sich die Verwandte sonst wohin schieben, aber sicher nicht mehr zu uns herüber. Damit legte sie auf.

Ich war so baff, dass ich halluzinierend regelrecht die Schnapp-atmung am anderen Ende der Leitung zu hören glaubte.

Verwandtschaft kann man sich nicht aussuchen. Auch nicht Kinder oder Eltern, aber manchmal hat man einfach Glück, dass die Plagegeister bloß im weiteren und nicht im näheren Sippen-Umfeld ihr Unwesen treiben. Und das Glück, dass alle anderen Verwandten nicht so sind. So einfach positiv kann frau das auch sehen, wenn sie sich nicht von negativen Energien Tante Licis anstecken lässt.

DIE FABELHAFTE PRINZESSIN

Es war einmal ein König, der war groß, mächtig und stark und dachte nicht im Traum daran, seine einzige Tochter an den nächstbesten Ritter, der sich damit brüstete, sehr viele Mannen im Kampf besiegt und erlegt zu haben, abzugeben. Auch Prinzen aus den Nachbarreichen blitzten am Hofe des Königs sofort ab, wenn sie nichts anderes als ihren adeligen Stammbaum und Gold und Geschmeide und Schlösser vorzuweisen hatten.

König Gregor der Große legte sich gegen den mittelalterlichen Zeitgeist mit der Ritterrunde, den hochadeligen Verwandten und sogar mit den Minnesängern und Hofnarren an, die gegen ihn rebellierten. Was wolle der König eigentlich? Er lehne kampferprobte Männer ebenso ab wie Prinzensöhnchen. Wolle er am Ende seine Tochter noch nach reiner Liebe entscheiden lassen, diesem neumodischen Quark, der gerade bei Minnesängern so in Mode sei? Der König müsse doch an sein Reich und die Macht und die Untertanen denken und könne sich solche Gefühlsduseleien und familiären Sperenzchen nicht erlauben! Wenn er dem nachgebe, führe das am Ende noch zu einem unaufhaltsamen Erstarken des Bürgertums samt der idiotischen Idee von Liebesehe und dergleichen. Das könne sogar das Ende der Ständegesellschaft bedeuten.

König Gregor hörte sich all die Warnungen geduldig an, schüttelte aber den Kopf und ließ verlautbaren, dass er seine Tochter selbst entscheiden lassen wolle, wen sie ehelichte. Nur so großkotzige Männer aus seiner Zunft könnten nicht begreifen, um wie viel weiter die Menschheit wäre, wenn Väter ihre Töchter nicht mehr »verkauften«, wie es auch gerade bei dieser neu entstandenen Glaubensrichtung der Mohammed-Anhänger Mode wurde, die ihre Macht speziell durch den Töchterverkauf sicherten. König Gregor verkündete, dass er sich damit vielleicht viele treue Gefolgsleute vergebe, auch weil er diese aufkeimenden Kreuzzugsideen gegen Muselmanen bescheuert finde. Zwar seien Könige meist dumm, so wie er auch, aber seine Klugheit bestehe darin, sich eine bessere Welt zumindest rein theoretisch vorstellen zu können.

Der Hofstaat fiel daraufhin in Schockstarre, ehe sich alle erholten und heimlich oder offen redlich darum bemühten, den König so schnell wie möglich auf den Boden der Realität zurückzuholen oder kaltzustellen. Die königlichen Ärzte setzten zu einem Aderlass so viele Blutegel an, dass die Mätresse mit einem Aufschrei (»Wie eklig ist das denn?«) die Flucht ergriff. Hellseher versetzten das ganze Land in Angst und Schrecken mit Visionen, wie eine neue Pest als Strafe für diesen Sündenfall des Königs alle heimsuchen würde. Köchinnen servierten nur noch Gemüse und Salat, um die Hoheit zu schwächen. Barone, Grafen und Herzoge reisten mit Expresskutschen zum Papst, um eine Bulle zu erhalten, in der bezeugt würde, dass König Gregor vom Teufel besessen sei. Schatzmeister, Hufschmiede, Maurer, zahlreiche Berufsstände, darunter sogar die Bauern, gingen in einen unbefristeten Streik, weil sie diesen »königlichen Unsinn, der schnurstracks in den Untergang führt«, nicht mit ihrem Gewissen vereinbaren könnten. Knechte, Mägde und Tagelöhner mussten hungern, weil Adelige mit Hamsterjagden die Wirtschaft des Reichs quasi lahmlegten.

Einer Legende nach versuchte der Apotheker Justus Hirner aus Lübeck sich sogar an einer speziellen Giftmischung, um den König, ohne Spuren zu hinterlassen, um die Ecke zu bringen – er erfand dabei als Nebenprodukt ein einfaches und billiges Kopfschmerzmittel, das nur deshalb keine weitere Karriere machte, weil der Apotheker so zornig über die heilende statt giftige Wirkung des Medikaments wurde, dass er beim nächsten Selbstversuch nicht mehr richtig achtgab, verstarb und das Rezept deshalb in Vergessenheit geriet.

König Gregor unterdessen blieb eigensinnig bei seiner Idee und widerstand auch falschen Propheten, Priestern und »Panzerrüstungserfindern«, die darauf angesetzt worden waren, den König von seinen wirren Ideen mit sensationellen technischen Neuerungen abzubringen.

Der Monarch riskierte lieber ein katholisches Fegefeuer, von den eigenen Hofnarren verlacht zu werden und den Abbruch der Handelsbeziehungen mit England, als seine Tochter für eine Zukunft mit ungewissem Ausgang für eine Tradition zu opfern, die er von Grund auf infrage stellte. Der Widerstand von allen Seiten ließ ihn sogar noch vehementer seine Utopie verfolgen. »Wenn alle sich so aufregen, macht es erst recht Spaß, noch eins draufzulegen«, pflegte er bald heimlich vor sich hin zu sagen. Und eines Abends kam er sogar auf die verwegene Idee: »Wieso kann eigentlich eine Frau nicht ebenso gut wie ich Regierungsgeschäfte führen?«

Weil Gregor den Gedanken zwar selbst für einigermaßen abwegig hielt, aber doch lustig fand, bestellte er einen Schreiber und ließ am nächsten Tag sein Dekret öffentlich über Festungsmauern, Schlossgräben und Stadtmauern hinweg ins ganze Land posaunen. Er ließ verlauten, dass er das männliche Köpfeeinschlagen und Hierarchiegetue höchst bescheuert finde und deshalb auf eine weibliche Zukunft setze. Töchter und auch sonstige Weiber griffen nicht zu Schwertern und machten keinen Krieg.

Es folgte, was zu erwarten war – Ritter legten ihre Rüstungen ab und erklärten, Kämpfe sollten künftig andere führen. Bauern wiederum bewaffneten sich mit Mistgabeln und Sensen. Die Kreativität der Minnesänger sank in der Folge der Ankündigung auch ohne börsennotierte Aktien auf minus siebzig Prozent. Köche des Schlosses flohen Hals über Kopf nach Portugal, weil von diesem Land aus angeblich Schiffe starten wollten, um eine neue Insel zu erobern. Hofgärtner schnitten sich lieber selbst den

Kopf ab, statt noch weiter die Hecken des Parks zu stutzen. Und sogar die Mutter von König Gregor schlug aus dem Mausoleum im hofeigenen Park in der Geisterstunde so subtil wie möglich Alarm – wenn ihr Sohn so weitermache, sei sie nicht mehr gewillt, noch eine schützende Hand vom adeligen Himmel herab über ihn zu halten. Er habe sie ja wohl nicht mehr alle mit diesen irren Ansichten zu seiner Tochter, ihrer Enkelin. Das laufe völlig aus dem Ruder, und irgendjemand müsse diesen Mann endlich zur Räson bringen!

König Gregor trank daraufhin fast den ganzen Metvorrat des Schlosses in nur einer Nacht aus, zweifelte an seinem Amt und der Welt überhaupt und wusste nicht mehr ein noch aus. Wenn sogar die eigene verstorbene Mutter nicht mehr an seiner Seite stand, war er dann endgültig verrückt geworden und stürzte ein ganzes Land ins Unglück? König Gregor suchte sich das Fenster im Schloss, das sich, tiefer als alle anderen, nicht zum Wassergraben, sondern zum Pflaster im Innenhof öffnen ließ. Er war schon davor, kurzen Prozess mit sich zu machen, als er doch noch einmal einen Schreiber holte, um mit einer testamentarischen Regelung einen Erbfolgekrieg zu verhindern. Er musste wenigstens Chaos verhindern. Das war er seinem Volk und auch seiner Tochter schuldig!

Vielleicht hatte er als König versagt – aber dann wollte er wenigstens erhobenen Hauptes, also vielmehr in die Tiefe fallenden Hauptes, aus der Sache herauskommen. »Irgendjemand sollte mal eine Maschine erfinden, die köpfen kann, sodass man nicht mehr gezwungen ist, sich oder andere aus dem Fenster zu stürzen!«, dachte König Gregor, während er seinen Schreiber zu Stillschweigen über die letzten Worte vor seinem Ableben verdonnerte und der kleine Angestellte sich nicht traute, mehr als ein »Aber gibt es denn keine andere Möglichkeit …« einzuwenden, weil Gregor ihn harsch mit einem »Er schweige still!« unterbrach.

Just als der König sich aber um Mitternacht zum erwählten Fenster begab, kam seine Tochter Adelheid dazu, auf der Suche nach dem schönsten Ausblick der ganzen Anlage, denn so schön wie heute sei der Vollmond nur selten.

»Mein lieber Vater«, erklärte sie, »vielleicht sollte ein Minnesänger einmal eine Geschichte dazu erfinden, dass eine Prinzessin sich einen Typen angelt, von einem Fenster aus, nur mit ihren langen, blonden Haaren. Ich würde sie Rapunzel nennen. Was meinst du?«

König Gregor lachte auf. »Tochter, du bist so verrückt wie ich!«

Beide scherzten und hätten sich vermutlich noch weiter gut unterhalten, wenn der König der Tochter nicht so schwermütig vorgekommen wäre, sodass sie nachfragte, ob ihn irgendwas bedrücke.

Gregor zögerte, ehe er begriff, dass es Teil seiner verrückten Emanzipationsidee war, auch Weibern die Wahrheit zu sagen.

Er bezweifelte ja sogar die wissenschaftlich bewiesene Tatsache, dass Weiber für den Sündenfall verantwortlich seien. Warum sollte sich in Frauengehirnen außerdem kein Regierungsverständnis finden?

Kaum eine halbe Stunde später war der Plan geboren, dass König Gregor – weil eh schon alles egal war – der Tochter das Reich schon jetzt, vor seinem Ableben, überlassen würde und sie eine Woche Zeit hätte, all ihre Vorhaben in die Tat umzusetzen.

Adelheid nickte begeistert und beteuerte, dass sie sich auf die Aufgabe freue, weil sie ohnehin gemerkt habe, dass sich ihr Talent im Märchenerzählen oder auf dem Prinzessinnen-Markt mit so seltsamen Ideen wie »Lass mal dein langes Haar herunter« ziemlich in Grenzen halte. Sie sei mehr die pragmatische Macherin, also von der Sorte: »Erst handeln, dann reden.«

Der König begriff diese Worte aus einem Weibermund zwar nicht wirklich, aber rückte von seinem Fenstersturz-Vorhaben vorerst ab und ließ seine Tochter gewähren.

Einen Tag später legte er sich deprimiert ins Bett – die Tochter hatte die gesamte Ritterschaft auf eine Fortbildung zur Meditation (was immer das auch hieß) geschickt. Zwei Tage später versteckte sich der König in seinem Schlafgemach – die Tochter hatte Anweisung erteilt, dass das Fleisch im ganzen Reich gerechter verteilt werden sollte und auf jedem adeligen Teller mindestens ebenso viel Gemüse wie Tierteile liegen sollten.

Drei Tage später rief der König den Leibarzt in der Befürchtung, er wäre mit seiner Idee doch zu weit gegangen, denn die Tochter schnitt sich die Haare ab, zog sich Hosen an und erklärte öffentlich, ab sofort solle dem Regenten ein Beirat gestellt werden, dessen Mitglieder nicht mehr aufgrund ihrer adeligen Herkunft bestimmt werden, sondern vielmehr von allen Menschen inklusive Weibern gewählt werden. Das war zu viel!

Am vierten Tag aber besuchte ihn seine Tochter in seinem Schlafzimmer und ermunterte ihn, doch nicht die Augen vor all ihren in die Wege geleiteten Änderungen zu verschließen, sondern sich alles einmal anzusehen, vielleicht ginge ja das ganze Experiment doch noch gut aus. Der König selbst habe doch den Stein überhaupt erst ins Rollen gebracht und dürfe jetzt kurz vor Schluss nicht alles bezweifeln und aufgeben.

Am fünften Tag kam König Gregor wieder zu seinen alten Kräften, traute sich unter die Gefolgschaft und hielt den Beamtenseelen in seinem Staat entgegen, dass sie einen miesen Shitstorm gar nicht erst versuchen sollten, denn er halte zu seiner Tochter, auch wenn das politisch nicht korrekt sei.

Am sechsten Tag ruderte König Gregor wieder etwas zurück – na ja, na gut, die alte Rittergarde habe schon auch ihre Berechtigung für die Verteidigung des Landes. Neue Besen kehrten zwar gut, aber nicht immer dauerhaft erfolgreich. Aber es sei einfach dringend Zeit für Reformen gewesen!

Am siebten Tag ruhte sich Gregor aus und freute sich über den unerwarteten Besuch einer vergessenen Mätresse in seinem Schlafzimmer, die begeistert von seiner Idee der »Gleichstellung« war. Sie habe sich so etwas schon immer erträumt, aber wenn sie das ausgesprochen hätte, wäre sie wohl in »Teufels Küche« gekommen.

König Gregor ging davon aus, dass die Welt, also sein Reich, nun wieder ins Lot kam und er eigentlich eine wunderbare Rolle hatte – er konnte sich zurücklehnen, sich mit der vergessenen Mätresse vergnügen und endlich, endlich, endlich frei von Verantwortung nach dem Motto »Nach mir die Sintflut« leben. Nie wieder musste er groß oder stark oder mächtig sein – er hatte alles in die Hände seiner Tochter gelegt.

Doch dann, viele Jahre später, kam plötzlich eine – um nicht zu sagen die größte – Hürde, mit der keiner, wirklich keiner und keine, gerechnet hatte. Im ganzen Reich wuchs plötzlich der Wohlstand. Ohne männliche Kämpfe und Kriege, bei gerechter Verteilung von Fleisch und Gemüse, mit dem verrückten System, einen Rat zu *wählen,* statt ihn qua Geburt besetzt zu wissen, wurden alle Untertanen – wie er selbst übrigens auch – immer älter und älter. Regierungsbeamte zählten plötzlich fast so viele Greise wie Kinder! Ritterturniere verkamen zu einer Veranstaltung, bei denen es eine Rolle spielte, also vorher Pluspunkte gab, wer mit Altersgebrechen in den Event hineinging. Mehr noch: Hexen wurden nicht mehr verbannt oder verbrannt, sondern als weise Frauen zur Geburtshilfe eingesetzt; schließlich hörte niemand mehr zuerst auf den Papst, sondern auf Wissenschaftler, von denen einige sogar behaupteten, die Welt sei eine Kugel und keine Scheibe!

Irre! König Gregor wurde wieder von seinem eigenen Vorstellungsvermögen überwältigt. Das war nun endgültig zu viel. Alles, was recht war! Da hatte er sich wohl zu weit aus dem Fenster gelehnt oder vielmehr zu wenig.

Doch seine zu jeder Überraschung fähige Tochter tüftelte auch hier an einer Lösung und erfand viele Jahre später, die Gregor nicht mehr zählte, die Pflegeversicherung. Danach begann Adelheid daran zu arbeiten, dass pflegende Angehörige auch in den Adelsstand erhoben werden könnten, denn sie seien mutig, tapfer und unerschrocken. Ihnen gebühre der Ritterschlag wie sonst niemandem auf der Welt.

Und wenn sie nicht gestorben sind, lachen und weinen Gregor und Adelheid heute noch. Sie lachen über ihre Reformen, die sich über die späteren Jahrhunderte immer mehr in der ganzen Welt durchsetzten. Und sie beweinen das eine Ziel, das sie nicht erreicht haben: Pflegekräfte und pflegende Angehörige werden auch heute immer noch nicht mit Ritterschlägen geehrt oder wenigstens so hoch geschätzt, wie sie es verdienten.

INTELLIGENZTEST

In sozialen Medien wie Facebook kursieren immer wieder verschiedene Formen von Intelligenztests, denen allen gemein ist, dass am Ende ganz erstaunlicherweise herauskommt, man sei bedeutend klüger als der Rest der Bevölkerung. Wer eins plus eins nicht falsch zusammenrechnet, hat schon die besten Startvoraussetzungen für einen IQ über 120.

Wer noch dazu weiß, was nicht in diese Reihe von Angaben passt, schnellt mindestens auf einen IQ von 130 – also Hochbegabung:

grün
rot
gelb
blau
Tisch

Mit der Beantwortung der folgenden Frage rückt frau dann meist automatisch auf das Höchstbegabtenniveau von über 145 auf:

Welches Wort zum Thema Sehsinn fehlt in der folgenden Reihe der Adjektive?

geruchlos
gefühlskalt
stumm
taub
…

Ich bin mir sicher, im blinden Vertrauen auf Ihren gesunden Menschenverstand haben Sie die Frage richtig beantwortet!

Derart von den sozialen Medien in meinem geistigen Selbstbewusstsein gestärkt, hatte ich keine Scheu, mich an einen praktischen Intelligenztest zu machen: Ich begann, mich durch den Pflegefinanzierungsdschungel zu schlagen – und blieb schon im ersten Dickicht wochenlang hängen. Danach im zweiten und dritten und vierten … und bis heute habe ich die ganzen Kategorien der häuslichen Pflege nicht verstanden. Das Bild meiner Höchstbegabung krachte wie ein Kartenhaus in sich zusammen. Immerhin bin ich damit nicht alleine – denn dieses Pflegesystem zur Gänze zu verstehen ist in meiner nächsten Umgebung bisher noch niemandem gelungen, auch nicht dem Freund von mir, der schon mit fünfundzwanzig Jahren Mathe-Professor wurde, oder der Cousine, die mit sechzehn Jahren Abitur machte und jetzt Managerin eines Großkonzerns ist. Also muss ich mich auch von dem schmeichelhaften Gedanken verabschieden, ich sei ein »Underachiever«, also einer jener Menschen, die eigentlich äußerst klug sind, aber an einem System scheitern, das sie chronisch unterfordert, weshalb sie irgendwann geistig aussteigen und nicht einmal mehr einfachste Zusammenhänge verstehen und komplett ratlos auch vor simplen Aufgaben stehen.

Oder können Sie mir beantworten, was nicht in die folgende Wortreihe passt?

Tagespflege
Pflegegrad
Landespflegegeld
Verhinderungspflege
Kurzzeitpflege
Investitionszuschuss

Relativ einfach lässt sich noch verstehen, dass es Gelder einerseits für die häusliche Pflege von Angehörigen gibt und andererseits für die stationäre Pflege in einem Seniorenheim. Aber das ist nur das Gröbste – und danach wuchert bei der häuslichen Pflege ein Dschungel von Verständnisfragen.

Wird mit dem Zuschuss auch die ambulante medizinische Pflege bezahlt?

Was ist der Unterschied zwischen Kurzzeit- und Verhinderungspflege?

Warum ist der Pflegegrad so wichtig?

Warum muss ich überhaupt einen ambulanten Dienst beauftragen und darf nicht selbst die Wunde verbinden?

Was ist eine Tagespflege?

Wollte ich alle Fragen hier beantworten, würde das ein eigenes, völlig anderes Ratgeberbuch mit mindestens fünfhundert Seiten füllen und jeden Rahmen sprengen. Zumal es noch etwas gibt, das mich sehr verblüfft hat: In meinem bisherigen Leben eher abgeschreckt von Beratungsstellen, habe ich durchweg nur positive Erfahrungen mit Pflegeberatungen gemacht. Nachdem ich die Tanten und Onkel der zuständigen Institutionen früher zunächst quasi als natürliche Feinde sah (als ob die dir wirklich helfen würden!), freute ich mich, je mehr ich meiner Eltern wegen mit ihnen zu tun hatte, zunehmend über deren Freundlichkeit, Kompetenz und Hilfsbereitschaft. Es entstand immer mehr das Gefühl: Die arbeiten gar nicht gegen dich, sondern mit dir!

Nur ein Beispiel: Bei häuslicher Pflege von Angehörigen muss vierteljährlich (jedenfalls in Bayern, jedenfalls bei Privatpatienten wie meinem Vater, jedenfalls vor Corona – Sie sehen schon, es ist alles nicht einheitlich, sondern kompliziert) eine Pflegeberaterin oder ein Pflegeberater die Situation begutachten. Das heißt, er oder sie muss nachsehen, ob der »Laden« auch im Sinne des Seniors gut läuft. Dazu macht die Dame oder der Herr bevorzugt einen Hausbesuch.

Als das bei meinem Vater zum ersten Mal der Fall war, wurde ich nervös: Würde die Pflegeberaterin etwas daran auszusetzen haben, dass ich nicht sieben Tage die Woche vor Ort sein kann? Darf die osteuropäische Pflegekraft überhaupt anwesend sein oder sollte ich sie nicht besser verstecken? Kriegen wir dann noch das Pflegegeld? Mache ich etwas falsch, und würden uns deshalb dann Hilfen gestrichen?

Die freundliche Pflegeberaterin begrüßt mich schon mit einem: »Das ist ein Wirrwarr, ich weiß! Wenn Sie Fragen haben, dann stellen Sie sie gerne!«

Im weiteren Verlauf des Gesprächs stelle ich fest, dass es ihr wirklich darum geht, das Beste für unsere Situation herauszuholen und nicht die Kosten der Pflege zu minimieren. Die gute Frau macht mich darauf aufmerksam, dass meinem Vater bei aller häuslichen Pflege auch noch eine Tagespflege zusteht, die nicht mit dem Pflegegeld verrechnet wird, sondern ganz unabhängig davon gilt. Es darf also eine 24 / 7-Pflegekraft bei meinem Vater sein, und trotzdem wird eine »Tagespflege« bezahlt, also in unserem Fall: Mein Vater kann einmal oder zweimal die Woche ins Seniorenheim gebracht werden und dort an Programmen wie Gedächtnistraining oder sozialen Aktivitäten teilnehmen. Das wird neben der häuslichen Pflege als Pauschalzuschuss auch bezahlt, es schließe sich nicht aus, so die freundliche Pflegeberaterin, es ergänze sich optimal!

Ich staune – so kriege ich es auch hin, den 24 / 7-Kräften einen freien Tag in der Woche zu ermöglichen und Papa noch mal ganz neue soziale und kognitive Impulse außerhalb der häuslichen »Rundumbetreuung« zu geben, ohne dass es extra kostet.

Eine super Sache, die wir auch sofort einleiten und die mein Vater nach nur wenigen Anlaufschwierigkeiten gerne »annimmt«. Ein toller Tipp, auf den ich ohne die freundliche Beraterin nie gekommen wäre, obwohl ich so gut wie möglich versucht hatte, mich in alles einzulesen. Beim nächsten Telefonat macht sie mich sogar noch darauf aufmerksam, dass meinem Vater auch noch Verhinderungspflege zustehen würde, was konkret heißt, dass wir wöchentlich jemanden ins Haus holen könnten, der Papa vorliest oder beispielsweise mit ihm »Mensch ärgere Dich nicht« spielt. Und das alles würde unser Budget nicht dezimieren, das sei quasi ein anderer Topf, aus dem wir auch noch etwas nehmen könnten.

Leserinnen ohne Senioreneltern mögen sich jetzt vielleicht denken: Die legt es eindeutig darauf an, so viel wie möglich in Anspruch zu nehmen und den Sozialstaat auszunutzen. Leserinnen *mit* Senioreneltern werden hingegen sofort verstehen, wie wichtig solche kleinen Hilfen sind, weil wir ohnehin schon immer am Anschlag stehen und unsere Grenzen ständig überschreiten. Jede noch so kleine Entlastung hilft uns Töchtern (Kindern) im Alltag ungemein und ermöglicht damit letztlich auch, mehr und liebevoller für Mama oder Papa da sein zu können, weil wir so entspannter sind.

Töchter tappen im Gegensatz zu Söhnen, die nicht minder gut pflegen, aber eher eine – mal so salopp gesagt – »gesündere Opfer-Resilienz« haben, bevorzugt in diese Falle. Wir Frauen stellen unser Licht noch immer zu gerne unter den Scheffel, während die Männer sich einfach nicht darum scheren, wenn mal was schiefläuft und Mama und Papa deshalb am Heulen sind.

Wir Frauen haben aber auch eine Stärke, die Männer nicht haben: Wir sind sozial kompetenter, wir können unsere Unsicherheit in bestimmten Bereichen eher eingestehen und Hilfsangebote deshalb leichter annehmen. In diesem Sinne kann ich nur jeder Frau empfehlen: Besinne dich auf diese Stärke und nimm alle Hilfsangebote an!

PS:

Ach so – wer noch auf die Auflösung des Intelligenztests wartet, was in diese Reihe *nicht* passt:

Tagespflege
Pflegegrad
Landespflegegeld
Verhinderungspflege
Kurzzeitpflege
Investitionszuschuss

Hier die Antwort: Der »Investitionszuschuss« betrifft nur die stationäre Pflege in einem Heim, also nicht die häusliche Pflege und ist deshalb auch im Gegensatz zum »Landespflegegeld« an eine Institution gebunden. Alles klar? Nein, natürlich nicht. Dem Pflegedschungel ist es egal, wie hoch Ihr IQ ist. Falls Sie weitere Fragen haben: Wenden Sie sich dazu vertrauensvoll an die Pflegeberaterin Ihres Vertrauens! Um das Thema Pflegeleistungen im Detail wirklich zu verstehen, hilft nämlich nicht mal die allerhöchste Hochbegabung.

DEALEN FÜR DIE MAMA

Scheißgeld. Aber bitte fangen Sie jetzt nicht an, wie mein Mann bei diesem Thema reflexartig über Kapitalismus an sich zu referieren! Ich bin ja auch dafür, politische Umstände anzuprangern und für mehr soziale Gerechtigkeit zu kämpfen. Aber die Politik ist eine Sache. Eine andere ist die, wie ich mir mein Leben auch mit wenig Geld ganz gut einrichte, denn darüber zu jammern macht bisweilen erst recht unglücklich.

Trotzdem: Wäre ich ein Superreicher wie einer meiner Freunde, der mit seinen Jachten durch die Karibik schippert, nicht mehr zu zählende Häuser in Europa und Übersee besitzt und eine Köchin, einen Fahrer, zwei Gärtner und drei Assistentinnen/Haushaltshilfen beschäftigt, wäre ich wohl fein aus dem Schneider. Denn eine liebende Pflegekraft für die Mutter könnte ich dann wohl aus der Portokasse bezahlen. Während ich zunehmend verzweifelt durchrechne, wie wir das Finanzielle überhaupt stemmen können, würde er wohl mit dem Finger schnippen und schnell mal gleich drei Pflegekräfte zu weit überdurchschnittlichen Konditionen einstellen und wüsste den Elternteil auch gut aufgehoben, wenn eine Betreuerin zu einem Heimaturlaub antritt und der andere Betreuer gleichzeitig krank wird.

Dieses Geld habe ich, haben wir aber nicht. Seit meinem Menschengedenken, also seitdem ich mit meinem Taschengeld eine Eisdiele ansteuerte und mich fragte, wie viele Kugeln ich mir leisten kann, besteht mein Leben aus der Frage: »Was ist finanziell realisierbar und was nicht?«

Aber ich will mich auch nicht beschweren. Papa hat immerhin eine Pension, die die Pflegekosten halbwegs deckt. Für den Rest kann ich einigermaßen gut aufkommen, na ja … unter uns, ganz ehrlich, einigermaßen ja, aber diese Finanzierung nimmt mir jeglichen Kleinluxus, den ich mir die letzten zehn Jahre endlich leisten konnte zwischen Kindererziehung und Job, Vollzeit im Berufsleben stehend. Zehn unbeschwerte Jahre leistete ich mir sogar mal eine Winterjacke für satte hundertfünfzig Euro (reduziert von dreihundert auf die Hälfte), nahm Lieferdienste in Anspruch, die zehn Prozent aufschlagen, und flog mit meinem Mann nach einem erfolgreichen Geschäftsjahr sogar einmal nach Thailand – um dort einen Tsunami zu überleben (aber die Geschichte wäre ein anderes Buch wert).

Doch wie auch immer: Aller politischen Agenda zum Trotz, die mittlerweile Gott sei Dank korrigiert hat, dass Kinder für die Pflegeheimkosten ihrer Eltern aufkommen müssen, wenn sie nicht superreich sind, zahle ich bei der Pflege zu Hause – nicht viel, aber immerhin – drauf. Eine Heimunterbringung ist hingegen bisweilen sogar billiger für die Angehörigen! Gar nicht mitgerechnet der Zeitaufwand, den es kostet, ein Behördenformular für Kleinbeträge um die 2,99 Euro auszufüllen, die ich für die eine oder andere Leistung oder Pflegehilfsmittel vielleicht erstattet bekomme. Überhaupt der ganze Papierkram in der Pflege, für den der liebe Gott der Katholiken einen Begriff erfunden hat: Fegefeuer.

Manchmal kann ich das gelassen sehen, an anderen Tagen wiederum verzweifle ich darüber, dass mit ausreichend Geld sehr leicht die beste Betreuung mit perfekten Deutschkenntnissen zu bezahlen wäre – meist jedoch habe ich mich als pragmatische Seniorentochter einfach mit den Umständen arrangiert und versuche unter den pekuniären Gegebenheiten für meine Familie einfach die bestmögliche Lösung zu finden und meine politischen Ansichten samt ihrer Wut einfach Zeiten zu überlassen, die mir das wieder erlauben. Denn eine Wut bekomme ich, wenn ein Cousin und eine Freundin berichten, dass sie für einen zu pflegenden Elternteil den Job aufgegeben haben und ihre Pflegearbeit nun mit 500 Euro im Monat »entlohnt« wird.

Und dann tauchte da im Jahre 2020 ein französischer Film auf, der plötzlich mein Herz höher hüpfen ließ. In »Eine Frau mit berauschenden Talenten«, so der deutsche Titel, dealt die Hauptdarstellerin Isabelle Huppert mit Drogen, um das Seniorenheim ihrer Mutter bezahlen zu können.

Als Polizei-Dolmetscherin hat Patience Portefeux zuvor jahrelang die Telefonate arabisch sprechender Drogendealer abgehört und bei deren Befragungen assistiert. Doch ihr Lohn ist bescheiden und das Pflegeheim, in dem sich ihre Mutter befindet, teuer. Als das Heim wegen unbezahlter Rechnungen mit dem Rausschmiss der Mutter droht, fasst Portefeux die erstbeste Gelegenheit beim Schopf. Fortan mischt sie als mysteriöse Madame Ben Barka Paris' Drogenszene auf, spielt mit der Polizei dreist Katz und Maus und verdient endlich die Kohle, um die beste Pflege für ihre Mutter zu ermöglichen.

Wenn es Vergehen gibt, die ich gutheiße … ja, nein, ich bin eine seriöse Seniorentochter … und natürlich immer integer und würde niemals Gesetze brechen, ehrlich! Ich wüsste auch gar nicht, wo ich ansetzen sollte, weil ich als brav bürgerlich Sozialisierte ja nie im Drogenmilieu unterwegs war. Wo kaufe ich Stoff ein? Wem gebe ich ihn zum Weiterverkauf? Der Nachbarin oder der BioLaden-Betreiberin? Die würden herzlich abwinken!

In meinem jugendlichen Umfeld gab es zahlreiche Kiffer, aber zu denen habe ich längst den Kontakt verloren. Heute bin ich schon froh, wenn ich mich bei einem Tempolimit auf der Autobahn von 120 km/h traue, auch mal 130 Stundenkilometer zu fahren.

Aber wer sagt eigentlich, dass wir Seniorentöchter nicht noch lernfähig sind? Ich hab da so ein paar Ideen jenseits politischer

Revolutionsgedanken, die ich meinem Mann und Jüngeren überlasse.

Weil die Ermittlungsbehörden hier aber auch ganz offiziell mitlesen können, kann ich Ihnen meine kriminellen Fantasien nicht verraten. Wobei sich meine Tochter Eva ohnehin sicher ist: »Mehr als zu einem Kriminalroman reicht deine kriminelle Energie eh nicht!«

BRUDERHERZCHEN, HÖR MAL!

Bruderherz! Das ist ja mal wieder typisch. Das erste Weihnachten ohne Mama muss ich ganz alleine organisieren. Papa hat selbstverständlich keinerlei Meinung zum Christbaumschmuck, zur Tischdeko oder zum Ablauf des Abends außer: »Machen wir es halt wie immer.« Wie immer! Als ob dies am ersten Heiligen Abend nach Mamas Tod möglich wäre. Mir war es ja auch immer egal, ob der Christbaum nun klassisch bunt oder nur mit bestimmten Sternen geschmückt ist. Ob nun eine mit grünen Zweigmustern bestickte Tischdecke auf dem Esstisch liegt oder eine weiße, dazu aber spezielle Weihnachtsservietten. Und zum Ablauf habe ich bisher auch immer gedacht: Am besten wie immer – Würstel mit Kraut essen, die Weihnachtsgeschichte lesen, *Stille Nacht* singen, Bescherung und danach Schafkopf bis zur Messe. Aber wie soll denn das heuer nach alldem möglich sein?

Jetzt steh ich da und muss mir etwas einfallen lassen. Vor allem für Papa. Sollen wir gleich neue Rituale einführen und alles ganz anders machen? Ich hab in einem Designkatalog einen völlig minimalistischen Xmas-Tree – so heißt das Teil – gesehen. Er besteht nur aus einem Holzpfahl mit Querstreben. Daran könnte ich einfach kunterbunt verschiedene Kugeln und Sterne hängen und noch echte Zweigerl mit dazu. Wir könnten auch mal etwas anderes als Würstel essen. Oder sollen wir lieber nicht bei Papa im Haus feiern, sondern bei uns in München? Was meinst du? Ich höre … Ja, ich höre natürlich nichts! Wie Papa hast du auch keine Meinung. Ihr macht es euch leicht. Typisch: Immer noch haben sich die Frauen um die hochsensiblen Bereiche wie Elternabende an der Schule, Toilettenreinigung oder eben Weihnachten zu kümmern. Männer geben zwar gerne damit an, mit den Söhnen Latein zu lernen, ganz ohne Anleitung Müll zur Tonne zu schaffen oder gar eigenhändig einen Christbaum auf einem Markt zu erstehen. Aber wenn es um die Kärrnerarbeit mit Putzlappen, Lateinlehrerinnen-Gespräche oder Heiligabendgestaltung geht, heißt es reflexartig: »Das kann ich nicht, das machst *du* viel besser!«

Ich mach es also besser. Aha. Klar, Bruderherz. Mir bleibt ja auch gar nichts anderes übrig, als es besser zu machen, wenn der andere gar nichts tut. Ich mach es vielleicht sogar schlechter, als du es machen würdest. Ja, ich weiß, du kannst nicht anders. Aber ich fühle mich so alleingelassen.

Kannst du dich noch an die Rassel erinnern, die Mama und Papa dir an einem Heiligen Abend geschenkt haben, und wie ich sie dir damals an den Kopf knallte? Was wurde ich dafür geschimpft! Mama hat diese Rassel immer aufbewahrt. Sie liegt heute noch in der Erinnerungsschachtel mit deiner Erstausstattung. Für *mich* hat Mama so was nie angelegt. Aber gut, dafür hat sie mir später so viel geschenkt wie dir nie an Weihnachten.

»Ällabätsch« würde ich dir deshalb am liebsten zurufen, Bruderherzchen, wenn es denn angebracht wäre. Du hast mir, kaum war ich ein Jahr auf der Welt, mit deinem plötzlichen Auftauchen aus dem Nichts alle Aufmerksamkeit gestohlen. In Mamas Bauch bist du ja noch still gewesen, aber dann ging das Geschrei los, und alles drehte sich nur noch um dich. Weißt du, einen älteren Bruder zu haben, das hätte was gehabt, also so habe ich mir das jedenfalls immer vorgestellt. Den hätte ich auf dem Pausenhof zu einem Mitschüler losschicken können, der mich ständig ärgerte. Und bestimmt hätte der mich beschützt. Aber so einen kleinen Hosenscheißer, den musste vielmehr *ich* verteidigen.

Welchen Christbaum sollen wir denn nun nehmen? Und sag jetzt bloß nicht, das müssten wir schon selbst wissen, du wärst eh schon viel zu lange weg von uns und solchen Fragen. Zieh dich nicht so simpel aus der Affäre! Du bist immer noch ganz bei uns, jetzt erst recht wieder seit Mamas Tod. Und glaub bloß nicht, du und Mama könntet irgendwo da oben so ein eigenes lustiges Seelen-Süppchen am Heiligen Abend kochen und womöglich noch über uns Irdische lästern, wenn wir uns hier unten über so überlebensnotwendige Fragen den Kopf zerbrechen, welche Tischdecke wir zum Vierundzwanzigsten auflegen sollen. Nein, nein, Bruderherzchen, wenn ich dazu von dir auch nur ein Sterbenswörtchen höre, werde ich dir deine Rassel mit Karacho auf das Grab knallen! Und wenn mich die Eltern dann wieder schimpfen – mir doch egal! Wir beide wissen, wie sehr wir uns trotzdem immer mögen.

ICH GEH NICHT INS GEDÄCHTNISTRAINING, DA SIND NUR ALTE LEUTE!

Frauen scheinen auch im fortgeschrittenen Alter vorausschauender zu sein. Meine Mutter brachte jedenfalls schon Jahre bevor ich überhaupt ansatzweise an so etwas dachte, ins Gespräch: »Vielleicht sollten wir uns prophylaktisch beim betreuten Wohnen anmelden. Eventuell schaffen wir das im Haus irgendwann einmal nicht mehr alleine. Vormerken können wir uns ja mal lassen!«

Damals hielt ich das für eine skurrile Seniorenidee. Es kam mir vor, wie die Aktion meiner Mutter, auf der Südseite des örtlichen Friedhofs ein Grab zu reservieren, um später auf der Sonnenseite zu liegen, denn »von dieser Seite des Friedhofs aus hat man einen fantastischen Ausblick auf die Stadt«.

Zu diesem entspannten Umgang mit dem Thema kann ich nur anmerken, dass wir erstens englische Vorfahren haben, die für ihren schwarzen Humor bekannt sind. Zweitens sind wir im katholischen Bayern sozialisiert worden, stammen also aus einer Art Naturvolkgegend, die den Tod nicht so ernst nimmt, weil ja davon auszugehen ist, dass hinterher ein ewiges Leben winkt. Diese Sozialisation führt dazu, dass auch Nichtgläubige wie ich einen gewissen Abstand zum Leben und zum Tod herstellen können, woraus sich wiederum ergibt, dass einiges aus der weniger ernsten Außenperspektive betrachtet werden kann. Denn auch den schlimmsten Dingen im Leben wie dem Tod noch mit Humor begegnen zu können, setzt voraus, das eigene Leben sowie sich selbst nicht ganz so ernst zu nehmen und sich mit dem Augenzwinkern eines Anti-Narzissten zu sehen: »Jetzt mach dir mal nicht in die Hose! Du bist zwar so wichtig wie jeder andere Mensch auch, aber nicht der Nabel der Welt. Wenn sich die Welt nicht mehr um dich dreht, geht sie auch nicht unter!«

Wie ich erst später erfahren habe, leitete meine Mutter übrigens hinter meinem Rücken informell nicht nur in die Wege, den schönsten Grabplatz auf der Südseite des Friedhofs für sich, Papa und auch gleich noch für mich und möglichst schon meine Nachkommen zu reservieren, sondern meldete sich und Papa auch im Seniorenheim am Ort an, »für später mal«, sagte sie damals beiläufig.

»Für später mal« … Wie oft habe ich diesen Satz in meinem Leben von ihr gehört? Früher hatte ich ihn schon nach den ersten Silben verflucht.

»Mädel, denk doch mal an später!« – als ich mit Anfang zwanzig mit Rucksack nach Ägypten reiste, anstatt in die Rentenkasse einzuzahlen. »Mädel, denk doch mal an später!« – als ich mit Ende zwanzig beschloss, Schriftstellerin zu werden, eine Mietwohnung bezog und mir *keine* Eigentumswohnung kaufte. »Mädel, denk doch mal an später!« – als ich mit Anfang dreißig verkündete, nie im Leben Kinder haben zu wollen, nur um kurz darauf begeistert schwanger zu werden und sogar noch zu heiraten. (Zum Thema Konsequenz sollte ich vielleicht noch mal ein Extrakapitel schreiben oder doch lieber nicht?)

Meine Mutter kam jedenfalls nie wieder darauf zurück, dass sie sich und Papa im Seniorenzentrum angemeldet hatte. Und ich hatte Mamas einzige Bemerkung komplett vergessen, bis mich die freundliche Heimleitung eines Tages anrief und meinte: »Bei uns ist jetzt ein Platz frei!« Ich wusste zunächst gar nicht, wer am anderen Ende der Leitung sprach, weil unser unzuverlässiges

WLAN den Eingangssatz verschluckt hatte. Danach dachte ich an eine Verwechslung ganz wie damals bei dem Anruf nachts um vier Uhr aus der Klinik, zwei Tage nach dem Schlaganfall meines Vaters, als man mich informierte, dass jetzt der Priester zu meinem Papa geholt würde – ehe sich herausstellte, dass der Geistliche zu einem Herrn »Bittner« und nicht zu einem Herrn »Bittl« bestellt worden war. Die Nachtschwestern entschuldigten sich danach natürlich dafür bei mir, und ich habe auch vollstes Verständnis für die Überlastung des Klinikpersonals und das Abrutschen in eine falsche Zeile auf der Patientenliste – aber der Schreck dieses Anrufs saß mir noch Monate in den Knochen und lässt mich sogar heute noch jeden Morgen einen ängstlichen Blick auf mein Handy werfen: Habe ich vielleicht tief geschlafen und war nicht erreichbar, obwohl es doch anderswo bei den Nächsten um Leben und Tod ging?

Aber zurück zum Seniorenzentrum. Das »Angebot« und der Anruf waren kein Versehen – meine Mutter hatte schon vor Jahren einen Platz reservieren lassen und nach einem Umbau der Einrichtung waren plötzlich auch neue Zimmer verfügbar. Wir wurden (da ganz oben auf der Warteliste) zuerst informiert, also ich, weil meine Eltern daheim nicht erreichbar waren, da sie zeitgleich im Krankenhaus lagen und meine Mutter wohl auch meine Telefonnummer angegeben hatte.

Freundlich erklärte ich, dass da gerade kein Bedarf bestehe, und wusste gar nicht, was ich da überhaupt sagte, denn erst sehr viel später erfuhr ich, wie schwer es ist, so einen Heimplatz überhaupt zu bekommen – also in einer der höchst raren Einrichtungen vor Ort, in denen die Eltern vielleicht von alten Schulkameraden umgeben wären oder auf »Kinder« von alten Bekannten in Form von Pflegepersonal treffen würden. Typen wie Tante Anni (siehe Kapitel »Tante Lici weiß haargenau Bescheid«) hatten zwar schon erklärt: »Bring die Eltern in einem Pflegeheim in deiner Nähe unter, dann hast du nicht so eine lange Fahrzeit!« Aber wieder einmal lag die Tante völlig daneben – denn ich persönlich fahre lieber 1027 Stunden einfach auf der Autobahn, wenn ich meine Vorfahren in einer Einrichtung weiß, in der sie sich wohlfühlen, weil sie dort alte Freunde, Bekannte oder vielleicht sogar Verwandte haben … Aber mei, Tante Anni sagte neulich auch zu meinem 67-jährigen Cousin, er solle doch nicht mehr in die Disco gehen, weil in solchen Lokalen die Getränke stets überteuert seien.

Nach dem überraschenden Anruf sagte ich damals zwar ab, war aber immerhin so geistesgegenwärtig, darum zu bitten, dass »wir« weiter auf der Warteliste bleiben. »Wir« – am Rande bemerkt – ist die gleiche Wortwahl wie bei Müttern frischgebackener Kinder. Die Grenzen zerfließen in dem einen wie dem anderen Fall, als ob frau plötzlich zu einer Einheit mit der Familie würde.

Dann vergaß ich diesen telefonischen Bescheid des Seniorenzentrums ehrlich gesagt wieder – bis nach dem Tod meiner Mutter erneut ein Anruf kam. Ein Platz für meinen Vater wäre frei. Mittlerweile wusste ich immerhin, dass so eine Nachricht nicht jeden Tag eintrudelt und vielleicht mehr mit einem etwas zweifelhaften Lottogewinn vergleichbar ist. Denn Plätze dort werden nur frei, wenn, nun ja, jemand stirbt und damit ein Zimmer beziehbar wird. Auch das habe ich nicht verstanden, bis mich die freundliche Heimleitung auf diesen kausalen Zusammenhang hingewiesen hat. Eigentlich logisch und naheliegend – aber frau verdrängt offenbar einfach zu viel (siehe Kapitel »Wen die Götter lieben«). Ich lehnte ab, weil wir mittlerweile wunderbare ukrainische Pflegekräfte gefunden hatten, alles rundlief und ich stolz darauf war, Pflege zu Hause für Papa so gut auf die Reihe gebracht zu haben. Vorsichtshalber bat ich jedoch einmal mehr darum, ob »wir« weiter auf der Warteliste bleiben könnten.

Und so kam irgendwann der Tag, an dem die freundliche Heimleitung erneut einen Platz anbot. Bei anderen Familien ist der entscheidende Punkt, an dem man sich zu einer Heimunterbringung des Seniors entschließt, vielleicht eine Verschlechterung der Pflegesituation, die Wiederaufnahme des Jobs infolge von Finanznöten oder schlicht die medizinische Einsicht, bei Demenzkranken nicht den Zeitpunkt verpassen zu dürfen, zu dem ein Wechsel in ein Heim noch gelingen kann, weil eine Umstellung gerade noch möglich ist, ohne zu Aggressionen zu führen. Bei uns war es die erste Corona-Welle, die dazu führte, dass die osteuropäischen Pflegekräfte nicht mehr einreisen konnten und das ganze fein ausgeklügelte System damit zusammenbrach (siehe Kapitel »Die Liebe in Zeiten von Corona«).

Ich musste mehr oder weniger über Nacht entscheiden, ob mein Vater nun in dieses Heim zieht oder nicht. Natürlich habe ich in der Nacht kein Auge zugemacht.

Es löste einen emotionalen Kampf der Extraklasse in mir aus, eine Art milde Form der Persönlichkeitsspaltung.

Monika I meinte:

»Ich kann doch Papa nicht abschieben!«

Monika II widersprach:

»Es ist nur vernünftig, wenn du dir das überlegst!«

Monika I sagte:

»Was bist du nur für eine Rabentochter, den Vater fremden Leuten zu überlassen!«

Monika II dazu:

»Im Seniorenzentrum geht es ihm besser als daheim – er hat dort professionelle Pflege, und es wird nicht alles zusammengestöpselt mit ständig wechselnden Betreuungskräften!«

Monika I:

»Du willst dir doch nur dein eigenes Leben leicht machen und abends wieder ausgehen wie ein Teenie, wenn du Papa dorthin gibst!«

Monika II:

»Die haben Hilfsmittel und Methoden, auf die ich gar nicht komme, wie damals auch im Kindergarten bei den Kleinen. Lukas' Legasthenie wäre sonst niemals entdeckt worden, und du hättest ihn nie entsprechend fördern können.«

Monika I:

»Ach, du bist eine Meisterin im Schönreden – jetzt schiebst du ihn einfach ab! Spar dir die Rationalisierungen zu deinem Egoismus! Du drückst dich doch nur vor der Verantwortung!«

Monika II:

»Jetzt mach mal einen Punkt! Du versuchst doch nur dein Bestes mit einer stabilen Betreuung in einer Umgebung, die er von der Tagespflege her kennt!«

Naheliegenderweise (im Wortsinn) weckte ich schließlich meinen Mann nachts um vier Uhr im Bett und fragte: »Was soll ich denn nun tun?«

Schlaftrunken erklärte mein Gatte: »Frag Papa halt mal selbst!«

Ah, gute Idee!

Am nächsten Morgen graute mir allerdings vor der Umsetzung dieser Idee – wie würde Papa auf die Frage reagieren? Würde er verstehen, wie schwierig die Betreuungssituation ist, oder das Gefühl haben, die Tochter verrate ihn mit einer »Abschiebung«?

»Du, die Mama hat euch damals schon, vor Jahren, im Seniorenzentrum angemeldet, jetzt wäre dort ein Platz frei. Wegen Corona ist es gerade auch ziemlich schwierig, dass die Anastasia oder der Olexander noch kommen können. Wir müssten neu suchen und dann kämen wieder so Pflaumen wie anfangs … Was meinst du denn, möchtest du dorthin? Ich mein, du kennst das ja alles schon von der Tagespflege, und der Sepp aus deiner ersten Klasse, mit dem du Fußball gespielt hast, ist ja auch dort.«

Mein Vater sah mich an und schrie fast auf: »Ich geh doch nicht in ein Heim, in dem nur alte Leute sind!«

»Aber …«, versuchte ich einzuwenden, doch mir versagte die Stimme, ehe ich mich fing. Hatte er damals bei der Anmeldung zum Gedächtnistraining der Tagespflege nicht auch gesagt: »Ich geh doch nicht zu so einer Kaffeerunde, in der nur alte Leute sind!«

»Papa, es ist alles sehr schwierig wegen Corona!«, hörte ich mich antworten. »Anastasia und Olexander müssen ausreisen, aber dürfen nicht mehr einreisen.«

»Das ist schlecht für sie«, erklärte mein Vater.

»Nicht nur für sie«, antwortete ich, »da kann keiner mehr kommen, um bei dir zu sein!«

»Wieso muss jemand bei mir sein?«

»Na ja, um für dich einzukaufen, um für dich zu kochen, um die Wäsche zu waschen, um dich mit dem Auto zum Arzt zu bringen!«

Verblüfft sah mich mein Vater an: »Wieso?«

»Papa, du kannst nicht kochen!«

»Marianne bringt immer Essen. Außerdem reicht mir die Mettwurst. Da brauchst du dir keine Sorgen zu machen, ich verhungere schon nicht!«

»Aber wer bringt dich zum Arzt?«

»Da kann ich selbst hingehen!«

»Zwanzig Kilometer?«

»Da fahre ich selbst hin!«

»Papa, die Ärztin in der Reha hat gesagt, dass du nicht mehr Auto fahren darfst!«

»Ach, glaub doch nicht alles, was die Doktoren sagen! Ich kann noch gut fahren!«

»Papa, da gibt es ein Attest, das wurde genau geprüft, das wäre sehr gefährlich …«

»Das ganze Leben ist lebensgefährlich!«

»Papa, versteh doch bitte …«

»Was?«

»Dass es das Beste wäre, wenn du jetzt ins Seniorenzentrum

ziehst. Es fällt mir ja selbst furchtbar schwer, ich hab die ganze Nacht nicht geschlafen deshalb …«

»Du machst dir das Leben auch selbst schwer. Es passt doch alles hier prima. Ich komme gut alleine zurecht, mach dir nicht so viele unnütze Sorgen!«

»Papa, nein, es ist …«

»Jetzt sag ich dir noch mal was: Ich geh nicht in dieses Heim! Da brauchen wir gar nicht mehr weiterzureden.«

Hilflos blickte ich zu meinem Mann, der neben mir saß. Aufgrund der Demenz konnte Papa den Tag nicht mehr selbst gestalten. Kochen und Wäsche waschen konnte er noch nie, und auch die räumliche Orientierung hatte er zunehmend verloren.

»Wenn er nicht will, dann will er nicht! Das ist seine Entscheidung, er ist ja nicht entmündigt! Du kannst nicht seinen Willen übergehen.« Ich dachte, mich trifft der Schlag. Das sagte der Mann an meiner Seite, von dem ich seit über dreißig Jahren glaubte, ich würde ihn lieben.

»Verzweifelt« ist fast noch beschönigend für den Zustand, in dem ich mich schließlich befand – Papa wollte nicht ins Heim, ich wusste nicht, wie ich Betreuung weiter organisieren konnte, und mein Mann fiel mir auch noch in den Rücken. Wie sollte es weitergehen? Und ich musste auch noch ganz schnell entscheiden! In mir tobte ein Gefühls-Tsunami – dem ich schließlich zu trotzen versuchte, ha, dafür war ich auch schon zu alt, um mich noch von Naturkatastrophen überwältigen zu lassen.

Das einzige Mittel, das ich zur Verfügung hatte, um das zu überleben, war: den Verstand einzuschalten und alles mal emotionslos anzusehen – um hinterher sachlicher entscheiden zu können. Ich beschloss, eine möglichst neutrale Liste aufzustellen mit all den Punkten, die für oder wider eine Heimaufnahme sprachen. Und zwar – und das war der springende Punkt – nicht nur für Papa, sondern auch für mich. Um zu »entknäueln«, was für ihn gut war oder wo ich mich beispielsweise berechtigterweise oder fälschlicherweise schuldig fühlte. Hinter jedes Argument setzte ich ein »Plus« oder »Minus«. Dabei muss frau sich das nicht ganz so rational vorstellen, wie das vielleicht zunächst klingt. Ich listete beispielsweise in »meinem Bereich« auch auf, dass es mir dann besser geht, wenn ich das Gefühl habe, wirklich für Papa da zu sein, also ein Plus bei der »Zufriedenheit durch Kümmern im Haus« und ein Minus bei »Schlechtes Gewissen, ihn ins Heim gebracht zu haben«.

Das Resultat war für mich höchst erstaunlich und spannender als jedes Bundestagswahlergebnis. In der Summe meiner »objektiven Punkte« gab es zwischen Heim oder häuslicher Pflege zum Wohle von Papa einen deutlichen Überhang zum Heim unter den gegebenen Umständen. Für mich persönlich fiel die Bilanz ganz anders aus, denn die sagte: Ich könnte gut und gerne noch so weitermachen mit der häuslichen Pflege, meine Kräfte würden das schon noch stemmen können, es würde mir sogar besser gehen, wenn Papa nicht ins Heim zöge und ich für diese Corona-Zeiten halt schlechten Ersatz der Pflegekräfte neu organisierte.

Die meisten Pluspunkte für das Heim standen also sogar auf der Seite meines Vaters und nicht auf meiner – das entlastete mich extrem von dem Selbstvorwurf, eine Rabentochter zu sein. An diese Liste denke ich heute noch, wenn ich mal wieder ein schlechtes Gewissen bekomme, ob ich ihn nicht vielleicht doch »abgeschoben« hätte. Manchmal denke ich auch an den Satz von Kikki, die mal sagte, sie bereue es noch heute, die Eltern nicht früher ins Heim gegeben zu haben, denn sie habe so viele schlimme Kämpfe mit ihrer Mutter ausgefochten, die ihr alle erspart geblieben wären, wenn sie nicht mit Windelnwechseln beschäftigt gewesen wäre und stattdessen mehr »Quality time« mit ihren Eltern gehabt hätte, eine »Quality time«, die es nur zu dem Preis gebe, anderen den Pflegealltag zu überlassen, um selbst mit den Alten schöne andere Dinge zu machen.

Einen Tag bevor das Seniorenzentrum einen Aufnahmestopp wegen Corona verhängen musste und selbst polnische Pflegekräfte kaum mehr einreisen durften, brachte ich Papa mit der Ansage »Das ist jetzt erst mal vorübergehend wegen Corona, dann sehen wir weiter« ins Seniorenzentrum.

Nach vier Wochen im Heim traute ich mich endlich zu fragen: »Papa, wie geht es dir jetzt eigentlich hier? Es war ja alles gar nicht so einfach mit der Umstellung.«

»Was meinst du?«, fragte mich Papa.

»Na ja, du bist ja anfangs nicht begeistert gewesen, hierherzuziehen.«

Papa sah mich erstaunt an und meinte: »Mach dir mal nicht so viele Gedanken um mich. Mir geht es gut! Hier ist es doch prima, im Seniorenzentrum! Da ist echt gut was los, da ist auch der Sepp, den kenn ich seit der ersten Klasse.«

DIE LIEBE
IN ZEITEN VON CORONA

Dieser Kapiteltitel ist eine Anspielung auf das Werk des kolumbianischen Literaturnobelpreisträgers Gabriel García Márquez. Sein Roman *Die Liebe in den Zeiten der Cholera* ist im spanischsprachigen Original 1985 erschienen und wurde später in zahlreiche Sprachen übersetzt. Im Stil des »magischen Realismus« erzählt der Autor in Rückblenden nicht nur eine Liebes- und Ehegeschichte, sondern auch eine Arztgeschichte, die vom Umgang mit Krankheiten handelt.

Der deutsche Titel *Die Liebe in den Zeiten der Cholera* genügt in der Übersetzung dem vielschichtigen Anliegen des Autors nur unzureichend. Denn das spanische Wort »cólera« bezeichnet im Kolumbianischen nicht nur die Krankheit, sondern auch »Wut« und »Zorn« und »Leidenschaft«.

Das Buch handelt also nicht primär von einer Seuche oder einer Pandemie. Die Krankheit ist mehr ein »Nebenaspekt« einer leidenschaftlichen Zuneigung. So wie dieser Band auch, den Sie gerade in Händen halten, der nicht nur von der Seuche handelt, denn mit dem Thema »Corona und Senioren« ließen sich wohl nicht nur einzelne Bücher, sondern ganze Bibliotheken füllen. Jede und jeder, die ich kenne, kann mir etwas über ihre oder seine persönliche Geschichte im Hinblick auf die Eltern beziehungsweise Opa und Oma während Covid-19 berichten.

Für die nachfolgenden Generationen, die sich vielleicht fragen, warum wir uns alle wegen eines Virus so angestellt haben und ich hier wie eine alte Oma von einem »Corona-Winter« berichte wie einst der Uropa von seinem »Kriegs-Winter«, sei noch einmal kurz zusammengefasst:

In den ersten Monaten des Jahres 2020 tauchte ein unbekanntes Virus in China auf. Europa wunderte sich über das seltsame Verhalten der Asiaten, die ganze Wohngebiete abriegelten, und hielt Mundschutz und Ausgangssperren für eine hysterische Reaktion der Behörden. »Das Virus aus Wuhan« wurde eher zum Ende der Nachrichtensendungen erwähnt. Exponentielles Wachstum, R-Wert oder 7-Tage-Inzidenz als Begriffe kannten nicht einmal Krankenschwestern. Professor Drosten war so unbekannt wie meine Nachbarin Maria Meierhuber, und von einem Robert-Koch-Institut hatte man zwar schon einmal gehört, aber das war ungefähr so interessant wie Spieler der untersten Baseball-Liga in Australien.

Im Februar und März 2020 änderte sich alles schlagartig innerhalb von Tagen und Wochen. Das Virus begann in Italien zu toben, »Ischgl« wurde zu einem Superspreader-Ereignis (ein Begriff, den vorher auch niemand kannte) und trug die Krankheit nach ganz Europa. Covid-19 gelangte nach Nord- und Südamerika. Eine Karnevalsveranstaltung im nordrhein-westfälischen Heinsberg markierte den ersten größten Ausbruch in Deutschland. Und fassungslos sahen wir die Bilder von italienischen Soldaten, die die Toten in Militärwagen wegfuhren, und von weinenden Bestattern, die die Verstorbenen nicht mehr so würdig wie üblich beerdigen konnten, denn es waren schlichtweg zu viele gestorben. Plötzlich hieß es, Begegnungen mit Freunden könnten gefährlich sein, jede Umarmung, jeder Handschlag, jedes Gespräch. Ungeheuerlichkeiten, wie Masken im Gesicht zu tragen, wie man es vormals nur von Asiaten kannte, wurden plötzlich diskutiert! Und relativ schnell wurde klar: Besonders gefährdet waren die Alten.

Es folgte ein erster Lockdown – eine Maßnahme, die bis dato völlig außerhalb des Denkbaren gelegen hatte und die alle mit voller Wucht traf. Kinder durften nicht mehr in die Schule gehen, Restaurants wurden geschlossen, Kontaktverbote ausgesprochen, ich hielt die beste Freundin auf Abstand, und die Menschen begannen hierzulande wie schon die Chinesen zuvor (worüber wir uns noch amüsiert hatten), Klopapier zu hamstern. Die Franzosen übrigens hamsterten Wein und Kondome! – Was sagt das über Mentalitäten aus? »Homeoffice« wurde zum geflügelten Wort, und Existenzängste standen den Menschen, die man bei den erlaubten Spaziergängen im Freien noch sah, ins Gesicht geschrieben.

Es tobten mehrere Seelen in meiner Brust: Ich machte mir Sorgen um unsere finanzielle Zukunft; ich fragte mich, wie ich ohne regelmäßige Friseurbesuche noch auf die Straße gehen könnte, und bekam wegen der Geringfügigkeit der Frage ein schlechtes Gewissen, wo es doch andernorts um Leben und Tod ging; ich bangte um die Ausbildung der Kinder; ich besorgte dem behinderten Nachbarn im Haus Lebensmittel; ich lief zu technischen Höchstformen auf, um Videotelefonate einrichten zu können; ich bunkerte zehn Packungen Nudeln im Keller und kaufte online 10 × 1000 Blatt Kopierpapier, denn im Nachrichtenwirrwarr damals war auch davon die Rede, dass dieses wohl knapp werden könnte. Kurzum: Ich verhielt mich mehr oder weniger so besonnen und hysterisch zugleich wie der Rest der Bevölkerung. Nur in einem Punkt, und einem gravierenden, wie wir heute spätestens wissen, schrillten nicht nur von Angst gesteuerte Alarmglocken, sondern setzte eine Art Instinkt ein, sich auf das absolut Wichtigste zu fokussieren: meinen damals 87-jährigen Vater.

Denn bereits im Laufe des März 2020 wurde immer klarer, dass Menschen ab 65 (damals galt noch dieses Alter als entscheidende Marke) besonders durch Covid-19 gefährdet wären. Zu diesem Zeitpunkt hatte ich gerade ein mehr oder weniger »perfektes« Pflegesystem für ihn etablieren können. Eine ukrainische Betreuerin im Wechsel mit einem ihrer Freunde kannte endlich als eingespieltes Team Papa und alle Gegebenheiten vor Ort, und die beiden waren als »Perlen der Menschlichkeit« nicht nur für meinen Vater, sondern auch für unsere ganze Familie ein Gewinn. Zum Ausgleich der mangelnden Kultur- und Sprachkenntnisse der osteuropäischen Betreuer besuchte mein tief in Bayern verwurzelter Vater zweimal die Woche die Tagesbetreuung des örtlichen Seniorenzentrums samt Gedächtnistraining für Demente, Volksliedersingen, und ich stimmte Fahrrad- und Autofahrten mit Nachbarn samt Betreuern zu Kirchenbesuchen ab. Endlich waren nach dem Tod meiner Mutter alle Papiere halbwegs in Ordnung gebracht worden, ich hatte einen guten Draht zur Pflegeberatung von Papas Krankenkasse – und die Nachbarn in Papas Haus zur Osterfeier eingeladen.

Dann kam Corona.

Die Kirchen schlossen, und mein an Demenz erkrankter Papa verstand nicht, warum und was hier wirklich vor sich ging.

Das Seniorenzentrum vor Ort durfte keine Tagespflege mehr zulassen.

Nachbarn holten meinen Vater nicht mehr zu den gewohnten Zeiten für gemeinsame Aktivitäten ab.

Und vor allem: Alle Grenzen wurden dichtgemacht. Der Betreuer Oleksander war gerade bei Papa, im Wechsel mit Anastasia. Oleksander hatte schon als Kinderarzt in Libyen und in Kriegsgebieten gearbeitet. Er blieb gelassen. Ich kaufte auf die Schnelle ein Laptop (nicht wissend, ob das bald überhaupt noch möglich wäre) und suchte katholische Sender, die über das Internet zu empfangen wären, um auf diese Weise katholische Gottesdienste in Vaters Haus zu tragen. Oleksander war gerade erst einen Monat da und durfte noch zwei weitere Monate in Deutschland bleiben, ehe ihn Anastasia zum schon gebuchten Flug bei der Betreuung wieder ablösen würde. Bis dahin, so hofften wir, wäre der Spuk wohl vorbei und das Virus im Griff, bei solch drastischen Lockdown-Maßnahmen.

Papa wollte keine katholischen Messen über das Internet ansehen – stattdessen blieb der gläubige Oleksander vor den Messen hängen, fern der Heimat darin Trost findend.

Und dann war da noch meine Freundin Dorothee: Von einem Tag auf den anderen durfte sie ihre Mutter in einem Münchner Seniorenheim nicht mehr besuchen. Dorothee hatte schon immer einen Hang zu unmöglichen Männern – aber in diesem Fall nützte ihr der derzeitige Freund mit … ähm ja, räusper … krimineller Erfahrung – er entwendete einfach eines Nachts einen kleinen Kran von einer Fensterreinigungsfirma, setzte Dorothee in den Korb (heißt das so?) und hievte sie damit direkt vor das Zimmer ihrer Mutter, sodass sich die beiden über den Balkon sehen und sprechen konnten.

Bei meinem Papa war das banaler – keine Gottesdienste mehr, keine Besuche mehr, kein Alltag mehr mit festen Strukturen, wie sie gerade Demente besonders brauchen. Und die Zeit lief ab. Oleksander musste ausreisen – und Anastasia durfte zugleich nicht mehr einreisen.

Sollte ich nach den schlechten Agenturerfahrungen, die ich vorher schon gemacht hatte, einfach wieder eine Kraft engagieren, die nicht einmal dem »Minimalkonsens« einer vertrauensvollen Zusammenarbeit entsprach? Noch während ich das überlegte, wurde klar: ohnehin Fehlanzeige, denn auch Polinnen wollten nicht mehr nach Deutschland kommen, und die ohnehin schon raren zuverlässigen Kräfte bei den einschlägigen Pflegeagenturen dezimierten sich schlagartig.

Während ich mir im Laufe des Lockdowns sogar wieder einen Stau auf der A 9 wünschte, mein Mann es in Ermangelung eines Friseurs schaffte, mir die Haare im gewohnten Rotton zu färben, und meine Tochter sogar noch eine neue Ausbildungsstelle bekam, wusste ich immer weniger, wie es mit Papas Betreuung im Haus weitergehen sollte.

Ich recherchierte – wenn es keine Ausreisemöglichkeit für Oleksander und keine Einreisemöglichkeit für Anastasia mehr gab, was sollten wir dann tun? Zur Sicherheit befragte ich einen

Anwalt – der mir alle Vorrecherchen bestätigte. Denn nicht nur Geldstrafen drohten bei einem zu langen Aufenthalt über das Visum hinaus, sondern auch ein Einreiseverbot in die EU für Oleksander für immer. Das konnte ich nie und nimmer riskieren für einen Mann, der meinen Vater so gut gepflegt hatte!

Ich wurde bei der Ausländerbehörde vorstellig – ein eigenes Kapitel. Denn »vorstellig« sagt sich so leicht. Dass die Damen und Herren dort überhaupt auf eine Mail oder einen Anruf oder ein Fax oder auf einen direkten Auftritt reagieren (Sie sehen, ich habe alles versucht!), ist ungefähr so wahrscheinlich, wie dass Sie morgen mit einem Los 20 000 Euro gewinnen.

Zwei Monate Lockdown: Mein Vater baute mental und körperlich furchtbar ab. Ohne die Trainingseinheiten der Tagespflege, ohne die täglichen Fahrradfahrten zur Kirche – und vor allem ohne die Sozialkontakte. Und das Schlimmste bei alldem: Papa mit der Demenz verstand die Welt nicht mehr. Warum liefen die Leute mit Masken herum? Warum noch mal kam kein Besuch mehr? Wieso gab es keine Gottesdienste mehr? Sogar im Krieg hatte es immer Messen gegeben. Er sprach es nie aus, aber nach jedem meiner Erklärungsversuche sagte mir sein Blick: Die Welt ist doch verrückt geworden!

Der erste Lockdown sollte nach zwei Monaten enden, und nach einem weiteren Monat gab es auch wieder Flüge in die Ukraine (die Landesgrenzen hingegen, beispielsweise nach Ungarn, waren für Nicht-EU-Bürger immer noch dicht). Oleksander musste nun also dringend zurück. Umgekehrt durften Ukrainer noch nicht wieder einreisen, also durfte Anastasia nicht kommen.

Ein Anruf vom Seniorenheim kam – der Aufnahmestopp seit dem Lockdown sei aufgehoben, sie dürften wieder neue Bewohner aufnehmen. Hätten wir noch Interesse?

Ich fiel fast vom Stuhl. War das ein perfektes himmlisches Timing?

Zwei Wochen Quarantäne und ein negatives Testergebnis vorausgesetzt könnte Papa dorthin umziehen beziehungsweise von uns umgezogen werden. Dass dies alles dann doch gar nicht so einfach war – siehe Kapitel »Ich geh nicht ins Gedächtnistraining, da sind nur alte Leute!«.

Aber ich wusste Papa in Zeiten von Corona nun sicher versorgt und überlegte nicht mehr jeden Tag, wie ich den Zusammenbruch des persönlichen Pflegesystems verhindern sollte.

Nach zwei kleineren »Ausbruchsversuchen«, die mich hinterher fragen ließen, ob ich mir in meinem Leben nicht überhaupt schon immer viel zu viele Sorgen gemacht hatte, blühte Papa mit den verschiedenen Therapien im Heim und vor allem der Sozialstruktur regelrecht auf. Nach dem Frühstück blieb er im Gemeinschaftsraum sitzen, hörte mit anderen Volksmusik und lauschte den Worten der Pflegerin, die aus der Zeitung vorlas. Mit alten Schulkameraden unterhielt er sich danach bis zum Mittagessen im tiefsten Bayerisch über vergangene Zeiten. Mit ehemaligen Mitspielern des Fußballvereins wurden vergangene Pokalrunden erörtert – jeden Tag neu, denn auch die beiden anderen Herren waren dement und hatten die Erzählungen vom Vortag vergessen.

Zwar schrieben die Hygienevorschriften vor, dass ich nicht in sein Zimmer durfte, aber die freundliche Heimleitung schickte mir Fotos, und in guter Absprache richteten wir gemeinsam den Raum ein. Oder vielmehr der Hausmeister, den wir baten, Bilder aufzuhängen.

Und wir, also meine kleinere Kernfamilie und ich, verbrachten eine wunderbare Sommerzeit, weil wir Papa zwar nicht im Heim besuchen, aber ihn abholen durften, zu Ausflügen ins Freie, zu Besuchen an Mamas Grab, in den Garten zu Verwandten, in den nahen Wald.

Aber dann – Sie ahnten es bereits – kamen der Herbst und Winter 2020 und mit ihnen die zweite Corona-Welle. Zunächst wurden die Zeitfenster für Abholungen eingeschränkt. Sehr bald darauf waren nur noch kurze Gespräche hinter Plexiglasscheiben möglich. Und damit konnte uns Papa auch nur noch mit Masken sehen, die wir im Freien mit Abstand nicht hatten tragen müssen. Diese Masken irritierten ihn als Dementen so sehr, wie sie Kleinkinder verwirren – ohne »Gesichtserkennung« fällt es Menschen mit dieser Krankheit extrem schwer, das Gegenüber einzuschätzen.

Und während mir das noch zusetzte, ging es plötzlich los um Leben und Tod. Im Heim brach Corona aus und ließ mich die Zumutung des »FFP2-Maskentragens« in den Bereich der Luxusprobleme verweisen.

Erst waren es drei Fälle, dann sieben, dann fünfzehn und schließlich stiegen und stiegen die Zahlen auf über vierzig, und mit der »üblichen« Verzögerung dieses pandemischen Geschehens kam es zu vierzehn Toten unter sechsundsiebzig Heimbewohnern.

Vierzehn Tote. Hinter der Zahl verstecken sich nicht nur vierzehn verkürzte Leben, sondern auch Angehörige wie ich, die jede Woche gebannt wie das Kaninchen auf die Schlange schauten, wie nun das Testergebnis vom Montag ausfällt.

Über eine Aktion wie von Dorothee im Frühjahr konnte ich nicht mehr lachen.

Auch philosophische Gedanken, wie ich sie sonst pflege, weil ich es mit Epikur halte, und meine Devise »Der Tod ist kein Ereignis des Lebens. Wo er ist, bin ich nicht, und wo ich bin, ist er nicht« warf ich über Bord. Ich war nicht mehr cool und hatte schlichtweg nackte Angst um das Leben meines Vaters und hangelte mich irgendwann nur noch von einem Mittwoch zum anderen. Denn immer am Mittwoch waren die Ergebnisse zu erfahren.

Papa baute wieder geistig ab, denn er musste auf seinem Zimmer isoliert werden, um sich nicht anzustecken.

Damit das nicht falsch verstanden wird: Das Heim und die Heimleitung agierten vorbildlich mit allen Schutzmaßnahmen, auch ein Großteil des Personals war betroffen, mehr oder weniger stark erkrankt und in Quarantäne. Die verbliebenen Kräfte arbeiteten bis weit über die Belastungsgrenzen hinaus. Freundliche Bundeswehrsoldaten und Bundeswehrsoldatinnen halfen aus, und das Chaos durch den Ausfall der kompletten Verwaltung hielt sich in kleinen Grenzen.

Was das aber mit mir machte, können Sie sich ausmalen – wenn Papa jetzt stirbt, weil ich ihn in diesen Corona-Zeiten ins Heim gegeben hatte und nicht weiter eine Pflege zu Hause auf die Reihe gebracht hatte ... Dieser Gedanke ließ mich nicht mehr schlafen, bis ich endlich dazu in der Lage war, mit meiner Psychologen-Freundin Kikki darüber zu sprechen.

»Schwierig«, meinte Kikki dann auch sofort nach meiner emotionalen und verbalen Öffnung. »Das ist ja ein regelrechter Nährboden für Schuldgefühle, auch wenn du vom Kopf her alles durchschaust und weißt, dass du nicht für die Pandemie und das Leben deines Vaters verantwortlich bist.«

Wenn es möglich gewesen wäre, hätte ich Kikki für diese Sätze niedergeknutscht – aber wir sahen uns nur per Videotelefonat. Und wir kamen auf die Idee, ob nicht zumindest diese Art von Kommunikation mit meinem Vater möglich wäre. Auch wenn er zuvor Online-Gottesdienste oder Face-to-face-Chats via WhatsApp und Oleksanders Handy abgelehnt hatte. Gleichzeitig spendierte jemand dem Seniorenheim meines Vaters ein Smartphone und ein Tablet, die Video-Calls ermöglichten.

A star was born – die Videotelefonate mit Papa wurden der Hit. Ohne Maske, mit viel Zeit, mit dem Sehen der Gesichter, das auch einmal längeres Schweigen erlaubte, entstand regelrecht eine neue Nähe. Wir unterhielten uns über Dinge, die wir vielleicht sonst niemals so angesprochen hätten. Die gemeinsame Trauer um Mama, die Wunde in der Familiengeschichte mit dem Tod meines Bruders, die Sorge um den weiteren Werdegang meiner Kinder, seiner Enkelkinder.

Ich zeigte Papa mit dem Smartphone immer wieder unsere

Räume in der entfernten Großstadtwohnung, die er sonst sicherlich nicht gesehen hätte, denn eine Reise zu uns wäre auch schon vor dem Lockdown zu anstrengend gewesen und ich als technischer Volltrottel wäre sonst nie und nimmer auf die Idee gekommen, zu so einem Kommunikationsmittel zu greifen. Er bekam tatsächliche (wortwörtliche) »Einblicke« in mein Arbeitsleben, wenn ich ihm immer wieder meinen Schreibtisch und meine Umgebung zeigte. Er nahm an unserem Familienleben teil, wenn ich das Smartphone auf die Kücheninsel hielt und filmte, wie mein Mann die Spüle putzt – nämlich gar nicht.

Wenn die Kinder uns gerade besuchten, drängten sie sich ins Bild und schickten ihre kurzen Botschaften: »Hi, Opa, schau mal, ich hab jetzt neue Nägel!«, »Hi, Opa, schau mal, ich hab jetzt einen goldenen Ohrring!«

Papa vergaß zwar immer wieder, dass es dieses »Kastl« im Heim gab und wir uns jetzt darüber auch am nächsten Tag sehen konnten. Aber wenn wir es taten, gefiel es ihm sichtlich.

Unsere Beziehung intensivierte sich dadurch sogar. Wir kamen uns auf neue Art und Weise wieder näher. Oder, wie Kikki sagte: »In solchen Pandemiezeiten trennt sich oft die Spreu vom Weizen. Manche trennen sich, manche finden in neuer Liebe zueinander – nicht nur Paare, sondern auch Eltern und Kinder.«

Gabriel García Márquez hat die Pandemie nicht mehr erlebt. Er starb schon früher. Sein Roman *Die Liebe in den Zeiten der Cholera* gewinnt aber auch der – rein philosophisch betrachteten – Tragödie unserer menschlichen Existenz positive und sogar komische Seiten ab. Ein Mann wartet Jahrzehnte auf den Tod des Rivalen, um danach endlich mit der Witwe, mit der Liebe seines Lebens, doch noch zusammenkommen zu können.

Vielleicht würde Márquez heute seinem Roman ein paar entscheidende andere Wendungen geben – der Mann, der sich ein

Leben lang nach dieser Frau sehnt, könnte mit ihr Videotelefonate führen und müsste sie nicht nur aus der Ferne beobach-
ten? Oder nein – Márquez würde seinen Stoff vermutlich so
nicht verändern, aber vielleicht käme er auf die Idee, ein anderes
Meisterwerk über eine Vater-Tochter-Video-Liebesbeziehung zu
schreiben: *Die Liebe in Zeiten von Corona.*

WEN DIE GÖTTER LIEBEN

Kikki, eine meiner zwei besten Freundinnen, ist Psychologin mit einer eigenen Praxis und behandelt auf der Grundlage eines unkonventionellen Mix verschiedener psychologischer Schulen immer wieder auch Patienten, die an Depressionen, Angstzuständen oder einem Burn-out erkrankt sind. Zunehmend, so erzählt sie, meldeten sich auch Frauen bei ihr, deren Pflege von Angehörigen eine nicht zu unterschätzende Rolle bei den psychischen Erkrankungen spiele. Sie sei »sensibel« für dieses Thema, so Kikki, und hake bei einem Aufnahme- oder Erstgespräch an diesem Punkt auch gleich nach.

Ja, natürlich ist Kikki für dieses Thema sensibilisiert – sie selbst hat jahrelang ihre Mutter gepflegt. Diese war nach zwei Schlaganfällen mit Hirnausfall – so Kikki – »in ihrem eigenen Körper gefangen«. Sie musste mit einer Sonde ernährt werden, konnte nicht mehr aufstehen und war auch geistig nicht mehr anwesend. Drei Jahre pflegte Kikki ihre Mutter mit ihrer Schwester zusammen selbst im zweihundert Kilometer von ihrem eigenen Wohnort entfernten Haus, dann organisierte sie Pflege über ambulante und 24/7-Kräfte aus Polen, weil ihr Erspartes aufgebraucht war und sie dringend wieder mehr Zeit zum Geldverdienen brauchte. Ganz zu schweigen von Renteneinbußen, die sie ganz zwangsläufig erlitt, weil sie wegen der Pflege der Mutter drei Jahre lang beruflich kürzergetreten war.

An dieser Stelle angemerkt zum Thema Geld: Pflegende Angehörige haben mittlerweile auch Anspruch auf Rentenbeiträge. Allerdings gibt es auch hier wieder genaue Bestimmungen: Es muss mindestens ein Pflegegrad 2 vorliegen; die

Pflegezeit muss wenigstens zehn Stunden die Woche betragen, auf mindestens zwei Wochentage verteilt; neben der Pflege darf maximal dreißig Stunden die Woche gearbeitet werden etc. Auch hier gilt: Wenden Sie sich vertrauensvoll an die Pflegeberatung, um die genauen Details zu erfahren – siehe Kapitel »Intelligenztest«.

Kikki fuhr während der sechs Jahre eigener und organisierter Pflege nicht mehr in den Urlaub, und auch die »Unterbrechung« unserer Freundschaft, also eine Zeit, in der wir uns nicht sahen, ist dieser Pflege-Tatsache geschuldet. Dabei: Kikki jammerte noch nie. Sie ist eine jener Frauen, die richtig hart im Nehmen sind. Ich bewundere sie aufrichtig dafür, dass sie offenbar umsetzen kann, was uns theoretisch allen klar ist, aber eben praktisch dann doch oft an unserer Schwäche scheitert: »Gott gebe mir die Gelassenheit, die Dinge hinzunehmen, die ich nicht ändern kann, den Mut, Dinge zu ändern, die ich ändern kann, und die Weisheit, das eine vom anderen zu unterscheiden.« Das ist zwar ein Motto der Anonymen Alkoholiker, wozu ich Kikki und mich nicht zähle, weil wir es bisweilen trotz Vorsatz nicht schaffen, uns zu betrinken und lieber einen Saft bestellen – aber mir gefällt diese »Losung« auch ganz trocken und nüchtern als Lebensmotto beim Kräutertee.

Erstaunlicherweise sprechen Kikki und ich selten über psychologische Themen. Wobei, wenn ich mir das recht überlege, ist das eigentlich gar nicht so erstaunlich. Ich rede ja auch nicht mit Bella ständig über deren Job im Kreisverwaltungsreferat oder mit Dorothee über die neueste Werbekampagne. Wir tauschen uns halt aus, wie Freundinnen es tun – wenn es ein akutes Problem in einem Bereich gibt, quatschen wir ewig darüber. Wenn nicht, haben wir andere Themen wie Männer – also den immerwährenden Dauerquell von Problemen, die sie uns machen, und damit ein immerwährender Grund, Frauenfreundschaften aufrechtzuerhalten. Hat Gott vielleicht die Männer nur deshalb erfunden, damit unser sozialer Zusammenhalt gestärkt wird und wir Wein- oder Saftabende mit Freundinnen genießen?!

Kikki weiß jedenfalls, wovon sie spricht, wenn sie sagt: »Die Fälle der Überlastung der pflegenden Angehörigen nehmen zu. Und es sind fast immer die Frauen, die das stemmen. Die müssen sich dann auch noch Sätze anhören wie: ›Was stellst du dich so an? Du pflegst ja nicht mal selbst!‹« Die ruhige und sachliche Psychologin erzählte mir, dass sie schon am liebsten bestimmten Leuten »mit dem nackten Arsch ins Gesicht gesprungen wäre«, wenn Bemerkungen dieser Art fielen. Dabei – so Kikki – übersteige die Organisation und Betreuung der Pflege alle Fähigkeiten jedes noch so hoch dotierten Managers, denn es gelte, irre viele Bereiche in Einklang zu bekommen: den Wechsel der helfenden Kräfte zeitlich abzustimmen, den Formularkrieg mit den Behörden zu bewältigen, Haushaltsbudgets für Lebensmittel zu erstellen, Putzpläne zu schreiben, den medizinischen Fortschritt und eventuelle weitere Behandlungsoptionen nicht aus den Augen zu verlieren – und vor allem gelte es, den Senior nicht zu vergessen und liebevoll zu ihm zu sein. »Nichts im Leben stresst so sehr, wie auf ganz verschiedenen Ebenen gefordert zu sein«, erklärt Kikki. »Als liebevolle Tochter kannst du natürlich keine nüchterne Arbeitgeberin sein; als Organisatorin des Hauses kannst du keine gemütlichen Kaffeerunden einleiten; als Familienangehörige laufen dir natürlich alle Anträge an Behörden quer. – Das sind alles ganz verschiedene Rollenanforderungen an uns Frauen, wir müssen ständig switchen zwischen ›verständnisvoll‹ und ›geschäftstüchtig‹, das irritiert unser Hirn extrem. Und das erzeugt wiederum Stress. Und so ein Stress führt dann eben oft zu Depressionen, Angstzuständen oder einem Burn-out.«

Da kann ich Kikki nur recht geben. Warum sollte ich ihr auch widersprechen? Es ist schließlich ihr Fach.

Doch Kikki wäre nicht Kikki, wenn sie an diesem Punkt haltmachen würde. Bei diesem Thema kommt sie in Fahrt und ist nicht mehr zu bremsen. Und so erläutert sie mir ihre psychologischen Einsichten aus der Theorie und ihrer Praxis. Denn das Altern, so Kikki, habe sie schon an die Grenzen gebracht, an Grenzen, die darin bestünden, sich bisweilen zu denken: »Ist es denn überhaupt sinnvoll, dass eine Gesellschaft Menschen so alt werden lässt? Wäre es nicht besser, die moderne Medizin würde Menschen nicht mehr in ihrem eigenen Körper gefangen halten und sie einfach sterben lassen?« Aber was denke sie da eigentlich, wie könne sie sich indirekt den Tod eines Elternteils wünschen? Als Psychologin wisse sie aber natürlich, dass dies Teil eines Tabuthemas sei und niemals ausgesprochen werden dürfe – ob der Tod im Vergleich zu einem so schlimmen Siechtum nicht vielleicht die »bessere Alternative« wäre.

Einerseits brauche eine Gesellschaft natürlich unbedingt Tabus wie beispielsweise das Inzesttabu. Andererseits unterlägen auch bestimmte Tabus dem Wandel der Zeit oder entstünden neu. »Knabenliebe« sei bei den alten Griechen in Ordnung gewesen, heute landeten Päderasten selbst in Gefängnissen auf der untersten Hierarchiestufe.

Tabus schützten eine Gesellschaft, sie gäben einem Thema keinen öffentlichen Raum. »Darüber spricht man nicht!«, ergebe durchaus einen Sinn. Gemeinsame Tabus stabilisierten die Bezugssysteme von Menschen, insbesondere aufgrund ihrer gemeinschaftlich erfahrenen emotionalen Aufladung. Mitglieder, die einen Tabubruch wagten, seien daher in der Regel schweren Sanktionen bis hin zum Ausschluss aus der Gemeinschaft ausgesetzt. Nach Freud (Totem und Tabu) sei Totsein das Tabu par excellence. Der Tote selbst sei, da er sich nicht vernehmen ließe, auch nicht ansprechbar, hörbar, sichtbar, berührbar. Nach vorrationaler Logik sei es darum auch »unmöglich«, den Tod anzusprechen, zu sehen, zu hören, zu greifen oder in anderer Weise haptisch die »andere Welt« zu erkennen.

»Kikki!«, unterbreche ich sie. »Schön und gut, aber jetzt ist auch mal gut, du uferst aus! Was willst du eigentlich sagen?«

Kikki lächelt entschuldigend. »Ja, bei diesem Thema bin ich

nicht mehr zu stoppen!« Sie überlegt kurz. »Also Tabus sind natürlich für eine Gesellschaft wichtig, aber für ein einzelnes Individuum kann es manchmal sehr wichtig sein, ein Tabuthema zuzulassen. Also genau das auszusprechen, von dem manche sagen: ›Das darfst du nicht mal denken!‹ Denn je mehr wir verdrängen, mit desto größerer Wucht kann das alles zurückschlagen …«

Kikki lacht. »Doch das führt jetzt wirklich zu weit, ich referiere dir sonst noch die ganze freudsche Theorie! Aber ich kann dir aus meiner Praxis erzählen. Wenn mal wieder eine von der Pflege erschöpfte Frau zu mir kommt und nicht mehr kann, dann frage ich sie – nicht gleich bei der ersten Sitzung, aber irgendwann einmal –: Was meinen Sie eigentlich zu dem Satz: ›Wen die Götter lieben, den lassen sie jung sterben‹?«

Ausnahmslos eine jede habe ihr daraufhin bisher gestanden, genau so etwas schon einmal gedacht zu haben, sich aber extrem dafür zu schämen, so etwas überhaupt zu denken.

»Diesen Gedanken einmal offen eingestanden zu haben, erleichtert oft immens«, sagt Kikki, holt eine Flasche Rotwein und meint, wir sollten heute das Saftlevel deutlich drücken.

»Kikki! Was meinst du? Können wir jetzt nicht einfach mal wieder über überfüllte Wartezimmer in deiner Praxis reden oder über Sonderangebote bei Desigual?«, lenke ich vom ungemütlichen Thema ab.

Kikki grinst und scherzt: »Es geht nichts über gute Freundinnen, die Sterben und Sterblichkeit im Gespräch tabuisieren und das Thema dabei wechseln! Womit wir wieder beim Thema wären.«

Kikki stellt zwei Weingläser auf den Tisch.

»Schau mal, die hab ich neulich besorgt. Einverstanden: Wir reden jetzt nur noch über Mode, Wartezimmer, Bücher, Gläser und Männer und nicht mehr über so anderes Zeug, okay? Wir sind ja schließlich keine dummen Weibchen, die sich mit komplexen Themen auseinandersetzen!«

Ich grinse breit. Wen die Götter lieben, denen schenken sie Freundinnen mit Humor!

WOHER KENNEN WIR UNS?

Vielleicht sind die quälendsten Fragen im Leben nicht:

- Ist er der Richtige und wenn ja, warum?
- Hab ich meine Kinder falsch erzogen?
- Soll ich den unerträglichen Chef langsam mit Gift ermorden oder doch mit einem gezielten Messerstich oder gar vernünftig werden und mir einfach einen neuen Job suchen?

Meine größte Angst liegt in einer anderen Frage: »Woher kennen wir uns?«

Das fragte mein Onkel meinen Cousin, den Sohn, der sich über Jahre rührend um ihn kümmerte und ihn pflegte. Von einem Tag auf den anderen war aber die Erinnerung des dementen Vaters wie ausgelöscht. Eines Morgens hielt er den Sohn für einen flüchtigen Bekannten.

Manchmal sieht mich mein Vater jetzt schon so an, als würde er ergründen wollen, wer ich denn eigentlich sei.

Ich rede ihn mittlerweile immer absichtlich, und zwar so oft wie möglich, mit »Papa« an, damit er auch noch weiß, dass ich seine Tochter bin.

Vor diesem Moment, vor diesem Satz: »Woher kennen wir uns?«, habe ich fast panische Angst und versuche deshalb, darauf vorbereitet zu sein, um nicht in den gleichen Schockzustand zu fallen wie mein Cousin. Wie bei so vielen anderen Situationen im Leben auch, stellen wir uns den Super-GAU immer dann vor, wenn wir uns vor einer größeren Verletzung schützen wollen.

Darauf vorbereitet zu sein gibt uns einen Teil der Kontrolle über unsere Emotionen zurück, weil wir uns ihnen nicht mehr ganz so hilflos ausgeliefert fühlen, sollte so eine schlimme Situation eines Tages eintreten.

Aber dann überfällt mich der Satz an ganz anderer Stelle, völlig unerwartet. Ich stehe auf dem Wochenmarkt an einem Stand, und eine Frau spricht mich an: »Woher kennen wir uns?«

Ich starre sie an, ich weiß es nicht, ihr Gesicht kommt mir bekannt vor, aber ich kann sie auch nicht mehr einer Gruppe, einer Lebenssituation oder einem Ereignis zuordnen. Ich habe keine Ahnung! Ihrem Blick nach zu schließen muss ich wohl völlig entgeistert dreinschauen.

Eigentlich will ich das Übliche entgegnen wie: Vom Studium? Vom Büro? Von der Krabbelgruppe?

Dann aber höre ich mich sagen: »Es tut mir leid, aber ich weiß es auch nicht mehr. Aber nicht, dass Sie glauben, Ihr Gesicht wäre zu nichtssagend. Das hat jetzt nichts mit Ihnen zu tun, aber mein Vater ist dement und vergisst immer mehr, und das ist genau der Satz, vor dem ich einfach riesige Angst habe: ›Woher kennen wir uns?‹«

»Meine Mutter ist auch dement«, erklärt die freundliche Frau verblüfft. »Genau das hab ich schon durchlebt. Und ich sag es Ihnen, das ist ein eigenes Kapitel, brutal!«

Ich nicke.

»Es tut manchmal einfach schrecklich weh, einen Elternteil an diese Krankheit zu verlieren. Es ist wie ein vorgezogener Tod. So hab ich das jedenfalls empfunden, als die Mama plötzlich nicht mehr geistig erreichbar war.«

Ich starre die unbekannte Frau an. Sie hat etwas ausgesprochen, das ich in dieser Härte nicht thematisiert hätte. Aber ihre gnadenlose Wahrheit zu hören tut gut.

»Darf ich Sie auf einen Kaffee einladen?«, frage ich spontan und vergesse, was ich eigentlich einkaufen wollte.

Zwei Stunden später wissen wir zwar immer noch nicht, wo wir uns zuvor schon einmal begegnet sind, aber eine neue Freundschaft ist geboren:

Sabine und ich quatschen und reden und tauschen uns aus – über die Pflegesituation, das Kümmern um die Alten und unsere Ängste und Überforderungen dabei.

»Mir geht es ganz genauso!«

Was für ein Satz. Wie gut er tut. Zu wissen, dass andere in einer ähnlichen Situation stecken und die gleichen Empfindungen dabei haben wie ich.

Das macht sogar den schlimmsten Damoklesschwert-Satz erträglicher: »Woher kennen wir uns?«

Ich werde ihn vermutlich eines Tages aushalten müssen, aber danach rufe ich sofort Sabine an und heule mich bei ihr aus.